U0080987

你的夢想可能有點風險

YouTuber 六指淵
帶你找到屬於自己的人生副本

六指淵
（陸子淵）

———

著

目錄

Chapter 1

你真的沒興趣、沒目標、沒夢想？
生涯發展，從興趣探索開始
擁有一技之長，讓大家不再看衰你

Chapter 2

誤走冤枉路，也勝過止步不前

世上沒有白走的路
累積「智慧」、「經驗」成為最強的超能力

Chapter 3

負面阻力化為自主學習的超強原動力

缺資源、沒天資都擋不了你
有備而來的 B 計畫讓你變 A 咖

打敗夢想路上的大魔王
你可以不再沉迷電玩網路
讓自己追求幸福不失能

社會雖殘酷，別急著翻白眼
你會愈多技能
就愈有機會在這個世界生存下去

讓興趣變現，成為創業職人
克服難題，把興趣昇華成專長
把自己昇華成職人

「懷抱夢想」
不是少數人的專利

街頭故事 李白
街頭故事創辦人

　　我是子淵的大學室友李白，我們從大一初識後第一句話開始，就不斷地討論著工作。於是我們在宿舍一起接案，在校園裡拍片賺錢，用最酷的方式一邊工作一邊把大學念完，直到現在，我們已經是長達七年的朋友與工作夥伴。

　　我們倆畢業後，都不願意乖乖去上班，一個跑來當圖文作家、一個當起了全職 YouTuber，雖然這兩種職業可能都符合很多人想像中「把夢想當工作」的職業，但表面風光，其實背後多得是無法用天份兩字涵括的心酸，以及無數個疲乏的日子。

　　如果搭乘時光機回到七年前，我們會後悔當初的決定嗎？

　　不會，但是肯定有更聰明的方法。

　　在堅持以外，其實還有許多能夠評估、改善自己實踐夢想的方式，雖然人生中挫敗難免，但是透過聰明的判斷，肯定能

讓自己少走上幾段冤枉路。

　　《你的夢想可能有點風險》是子淵透過書寫自己追尋夢想的心路歷程，從理性與感性上分析「夢想」是如何被實現的，想讓每個讀者都能將書中的經驗套用在自己身上，不管是可能會遇到的誘惑，殘酷的現實面，或者夢想背後的風險，都能夠在書中一一對照參酌，讓你實踐夢想的路上，找出更多聰明的方案，不再只憑一股傻勁的堅持。

　　在「把夢想當工作」的這條路上，不管是懊悔、掙扎、焦慮，在我的生活中一個都沒少過，但是我也知道，這條路上同樣有著許多希望與好夥伴，就像書中說的一樣：『**如果你要變強，你一定要想辦法認識比你更強的人，才能從他們身上看到自己不足的地方，看到你還沒嘗試過的各種可能性。**』

　　在這些年裡，子淵透過身體力行，鼓舞了不少人找到自己的夢想，而能夠在旁見證這一切的我，絕對是最幸運的人。

　　現在，這段過程統統都寫進這本書裡了。

　　你會發現，其實他真正在做的事並不是拍片、寫書、開公司，而是讓大家看見「懷抱夢想」不再是少數人的專利。

你不需要找到人生方向，
才開始前進

陳志恆
臺灣 NLP 學會副理事長 · 諮商心理師

　　這個世代的孩子很辛苦，一方面被鼓勵要懷抱夢想，一方面又被要求照著既有的軌道走，老實念書，將來找個好工作，邁向自立。

　　這個世代的孩子也很幸福，有很多不同典型的職涯楷模，讓你知道即使書沒念好，也可以有一番天地。只要，你能找到自己的興趣、熱情與夢想，就有機會打造無可取代的專長。

　　問題是，許多孩子對學習不在行，也沒有興趣或夢想，問他們以後想做什麼，通常回答「不知道」三個字。不僅孩子感到無力，父母也焦慮難耐。

　　《你的夢想可能有點風險》一書的作者六指淵，曾經就是個這樣的孩子——課業吊車尾，沉迷電玩遊戲，沒有什麼特殊長才，總是讓師長搖頭皺眉。幾年之後，他搖身一變，成了年

收入八位數的創業家，在影音特效領域更是神等級的人物。

　　這樣的人生故事實在很勵志，你大概也很嚮往能像他一樣，麻雀變鳳凰。但是，他不只是要你看到他光鮮亮麗的一面，還希望透過這本書，讓你知道，**在追尋夢想的路上，你得冒險，同時也得務實。**

　　回到剛剛的問題，許多青少年大嘆：「我也想變強，但我沒有夢想，怎麼辦？」六指淵告訴你，現階段是否有夢想，不是最重要的，關鍵是，你不能停下腳步。

　　問題是，沒有方向，要往哪裡走？

　　唯有繼續前進，你才能找得到方向。很矛盾嗎？事實上，你不必急著找到方向，而是留意生活中所接觸的各種事物；遇到新鮮的挑戰，先不要排斥，做做看就對了。做著做著，說不定就做出了好感；接著，你會想繼續投入心思，在解決問題的過程中，慢慢有了成就感；所謂興趣與熱情，就這樣被「**孵化**」出來了！

　　六指淵在書中也分享了一個提升自我技能的秘訣，就是「寫教學文」。他因為需要在網路上，分享動畫特效的技巧，必須寫

出讀者能理解的文章。就這樣，他發現自己的專業能力進化了。

我十分有同感！我雖然擁有心理諮商方面的專業，但為了把心理學的知能分享給大眾，我開始在臉書和部落格寫作。實際下筆時才發現，自己有些觀念似懂非懂，有些學問還沒融會貫通。於是，在寫作與教學的過程中，我也在梳理自己的知識系統，並且透過再次學習補足自己疏漏之處。

到頭來，獲益最大的，還是自己！

六指淵憑著自學與創作累積，推甄上國立大學，這可說是「自主學習」的最佳典範。很多人以為，自主學習就是孩子能自動自發地投入學習中，這只說對了一半。**真正的自主學習，是有方向、有目標、有計畫的學習**。自主學習的起點，就是興趣與熱情。因為想成為某領域的專家，願意投入心思去探究，在這過程中，同時也累積大量作品與成果，成為他人眼睛為之一亮的學習歷程。

我鼓勵，每一個對課業與未來迷惘的青少年，都能閱讀《你的夢想可能有點風險》這本書；我也推薦，每一個為孩子的生涯發展感到焦慮的大人，也來閱讀這本書。

你會發現，當你願意持續前進時，人生處處有希望。

不要害怕，
像六指淵一樣嘗試看看吧

許匡毅

教育創新 100 得主·啟夢教育創辦人

　　我是啟夢創辦人許匡毅，主要在協助高中生探索大學科系，解決高中生迷惘、不知道人生方向的問題。

六指淵的故事非常適合激勵國高中生們

　　過去，我在陪伴高中生與家長時，常常聽到孩子與家長們的心聲：

　　A 學生：「成績普普，沒有特別的興趣，我未來還有希望嗎？」

　　B 學生：「我唯一的興趣是打電動，對其他東西沒有興趣……」

　　C 家長：「孩子很被動，又不積極，真的是皇帝不急，急死太監……」

被動、對自己沒自信、找不到興趣,「無力感」是現在許多學生的狀態與標籤。如何讓這群學生重拾自信,點燃對未來的信心火把,是一件非常困難卻又很希望有所改變的事情。

認識六指淵是在親子天下的國際教育年會上,我同時是講者也是聽眾。聽到六指淵的故事時,我認為他會是解決孩子們無力感「最好的榜樣與故事」。

六指淵曾經成績差、沒有長才、沉迷電動,一度對未來沒希望,差點要妥協讀軍校,但在各種機緣與巧合下,包含:為了博取同學一笑開始做特效,為大學生做特效卻意外發現有收入……,他在每個經歷中汲取人生經驗,並且灌溉出屬於他的天賦與人生方向。

這些故事與經驗我認為是非常適合給所有的國中生與高中生參考的,尤其六指淵在每個迷惘、受挫時,腦海裡的心路歷程更是難能可貴的養分。

讓孩子心中有榜樣的故事,成為力量的來源

在人生旅途上,有時候會有受挫、低潮與迷惘,我發現最

能把我從失落低谷拉起來的是那些成功人士的故事（透過電視節目、YouTube 影片、報章雜誌）。當我看那些成功故事時，我發現他們也曾經有低潮，也都是經過很多的努力與嘗試，才讓他們後來能成功。有這些人當榜樣，我安心許多，也更有力量。

六指淵從一位普通的學生，經歷各種打工，意外摸索出興趣，將興趣變成工作，在擁有收入之餘，更將自己的專長拿來服務他人與貢獻社會，這一連串的故事他都寫在《你的夢想可能有點風險》的書中，我相信這本書可以給學生們很多生涯規畫的參考，並成為支持你追尋夢想的力量。

最後，我想要與同學與家長們分享六指淵書中三個很重要的觀念：

1. 那些看似浪費時間的胡搞瞎搞，並不會浪費人生

如果六指淵當初沒有在學生時期嘗試剪影片、做特效，那麼他可能現在還不知道自己的人生方向。適度的嘗試，才能讓學生探索出興趣與方向。

2. 時間不等價，學生時期是最好探索與練功的時機

學生時期是人生中擁有最多時間的時候，建議把握學生時

期好好探索與嘗試。等到念大學或進入職場才開始探索，反而更不容易，因為時間都被各種事情綁架了。

3. 生命會找到出口，每個人都可以找到屬於自己的人生

　　連差點從軍的六指淵都能找到適合自己的方向，相信每位學生都可以，別放棄，不斷嘗試、不斷找資源、不斷找貴人，你一定也可以的！

大聲說出你的夢想，
把命運攢在自己手中

葉士昇

高雄國教輔導團高中自主學習專案講師

　　印象中，六指淵是一個擅長電腦特效的 YouTuber，年輕有為，在大學畢業後就創立了自己的公司，早期我對他的認識也僅止於此。直到有一次我在親子天下國際教育年會聽他演講後，才知道他會的東西幾乎都是自學而來，而且因為語言能力的不利，讓他必須花費更多時間才能讀懂國外的專業文章與影片，但是他還是一步一步堅持過來了，變成現在我們看到的「六指淵」。

　　或許你會認為他應該是早早立下志向，然後一直往這條路前進，才有現在的成就吧！當初我也是這麼認為，但是實情是他也曾經沉迷於電動難以自拔，也曾不知如何規劃人生而聽任家人安排未來，跟很多缺乏人生目標、理想的青少年並沒有兩樣。不一樣的是當他最後決定要把命運攢在自己手中時，他勇

敢的做了一些探索、嘗試、努力，也不怕別人異樣的眼光與嘲笑，大聲說出自己的夢想，一路堅持過來，才有了今日的成就。

在這本書中，六指淵就用這些親身走過的經驗跟我們解說，當我們缺乏興趣、目標、理想時，該怎麼走出自己的舒適圈，擴大自己的視野，並且在其中獲取未來的方向。也提到當自己缺乏自信時，如何透過一些小小的成就與外在的肯定來累積自信，蓄積繼續奮鬥的動力。另外我也十分認同他在書中說的：「專長不是想出來的，得透過不斷的嘗試才能得到，所以他一直不斷的往各方面嘗試。」「要勇敢向別人說你的夢想，也不要擔心被嘲笑，因為**被嘲笑的夢想才有價值**」。這許許多多在書中輕描淡寫帶出的文字，雖然用比較輕鬆的筆調來書寫，卻都是他在真實生活的歷練中一步一步走出來的智慧。

除了文字之外，書中也提供了一個我覺得很棒的「六式夢想評估表」，青少年朋友可以嘗試著用這個架構來評估一下自己的夢想。這個表單雖然簡易，但是如果依據這個評估表深入思考，不單可以在築夢踏實前更完整的思考自己現有的條件與各種客觀因素，可以為後續努力的目標指引適當的方向。更可以

在與長輩溝通、尋求支持前，讓長輩理解自己確實有好好思考過自己的未來，不是一時衝動，更不是為了逃避現實，用夢想掩護來繼續耍廢。

如果你在生活中茫然缺乏目標，如果你也在升學、就業間掙扎，厭煩了跟長輩爭論關於未來發展的種種，但是又不知如何改變現在的狀況時，六指淵的《你的夢想可能有點風險》這本書，應該還蠻適合用來協助你，作為面對、規劃未來人生的參考，也預祝各位讀者都能在此書中找到適當的支持力量，勇敢的朝自己的夢想前進。

提早探索自我，
找到一輩子的志業

魏瑋志（澤爸）
親職教育講師

我是電機系畢業的，現職的工作是親職教育講師，以及親子作家。

分數考高就對了？

當年，就讀電機系的原因很簡單，認為將來出社會之後，工作比較好找。而這個觀念是從哪來的呢？當然是周遭大人的擔心與擔憂。

還記得在高中時，周邊所有的大人，只告訴我：「別管這麼多，把分數考高就對了。」也有人說：「你是第二類組，電機系畢業後，到科技業上班就一帆風順了。」

所以，為了一片光明的坦途，志願表上填滿了所有大學的電機系與電子系。始終相信著，只要讀了電機系，進到科技業

上班，我的人生就順遂了，即便根本不知道，電機系到底在幹麼？！

　　結果，我在找尋自我的道路上，繞了一條好長的彎路。

聽話就好的孩子

　　一開始上大一時，因為共同科目多，還能應付，但是到了大二，專業科目變多了，電磁學、電路學、工程數學，真的是一個頭兩個大，我當時才明白什麼叫做「無字天書」。每個字分開看，我都認識，組合在一起，天啊，是什麼東西。

　　我曾想過轉系，但是，要轉往哪個系，其實我也不知道，就還是努力地拚畢業。

　　這倒也是啦，一個在十八歲之前都是聽話就好的孩子，怎麼會在十八歲之後突然知道自己要什麼呢？

我到底想要做什麼工作？

　　後來在科技業待了十多年，給我許多寶貴的歷練與成長，當然，也給予我生活上的物質支持。只是，總是會遇到瓶頸，

不時還是有個念頭，依然不斷地在我的心中浮現，「我到底想要做什麼工作？」、「我適合在哪個領域？能夠讓我全心全意地投入，充滿熱情的呢？！」、「我應該要做什麼？才能讓這個世界，因為有了我，而有一點點的不一樣呢？」

很開心也很幸運的，在不斷地摸索、碰撞與挫敗，以及鼓起勇氣的跳脫舒適圈來嘗試，繞了許多條路後，在我三十五歲之時，義無反顧地投入在親子領域的工作上，在演講與寫作的過程中，獲得了很多的成就、喜悅跟滿足，達到內在的富足，成為我一輩子願意投入的志業。

也因為如此，心中多少會覺得，如果我在學生時代，就能開始尋找志向的話，那該有多好。

我在國中時，好希望有人可以問我：「你的興趣、夢想是什麼？」、「你希望將來成為怎麼樣的人？」

高中時，好希望有人可以引導我：「大學的這些科系在學什麼？跟未來職場上的關聯是什麼？」而不是只有專心讀書就好、分數考高就好。

大學時，好希望自己可以不斷地嘗試：「要怎麼發揮專

長？」、「如何投入熱情到擅長的領域？」

　　所以，我相當佩服子淵（六指淵），他辦到了我當時連想都不敢想的事情。

　　子淵應該不知道，我在幾年前就有注意到他了。當時，想讓兒子思考自己的未來，我拿了子淵的故事與影片來當作模範，鼓勵他找到長處與方向。所以，我一定會推薦這本書給兒子跟女兒來閱讀的。

青少年的迷惘，需要家長的引導與支持

　　我在三十五歲轉職時，肩上背負著房貸、家庭基本花費等重擔，根本不容許我失敗。子淵曾說過一句話，**『不用很厲害才開始，要先開始才會很厲害』**，實在讓我很有感觸。

　　青少年的自我探索要盡量提早，多思考、多嘗試，慢慢地更加認識自己，找尋自己的強項、熱情、夢想與方向。即便在過程中遇到挫折，再次奮力跳起的機率也是大的，同時，也能在挫敗中學習更多。

　　在青少年的階段，必然對未來感到迷惘。也因為迷惘，所

以，很需要家長的引導與支持。如果大人說的，孩子不想聽或聽不進去，請看六指淵書寫的第一本書《你的夢想可能有點風險》，這本書絕對可以提供青少年許多很棒的生涯規劃上的建議與提醒。

六指淵是我在影片製作跟特效必看的 YouTuber，他的教學深入淺出，簡單易懂，在短短幾分鐘的影片就能讓人明瞭複雜的特效。最讓人意外的是，這些專業技能竟然是透過無師自通，靠著自主學習踏上特效達人之路，最後更成就自己的事業，成為一個創業家。在這個變動的時代，他也成為一個絕佳的典範，每個年輕人都可以透過對於興趣的執著，成就專業，最終把專業變成服務，賦能他人，創造價值。未來的趨勢，就是我們每個人都要成為自己的「生涯設計師」，創造出屬於自己的工作。在這本書，你將透過六指淵的分享，也找到屬於你的燦爛可能。

何則文／職涯實驗室創辦人、新創人才成功教練

這本書很好的展示了六指淵尋找人生方向的過程。

我是馬克羊。我依循自己熱愛遊戲、專長數學的個性，多次轉職。當過醫師、電競選手／直播主、開補習班，現在全職投資。

六指淵很了解自己愛秀、喜歡被尊崇、害怕被小瞧的個性

和人生觀，並依此找到「特效教學」這個完美吻合個人特質的職業。

找尋人生方向，最重要的就是先認識自己、了解自己。先知道自己快樂的來源，才能找尋到適合的職涯。

馬克羊醫師

要花一輩子去證明你的價值？還是要花一輩子付出你的強項？六指淵是 YouTuber 裡非常值得讚賞的指標人物，雖然曾經功課吊車尾，卻從不因為自己環境資源匱乏而停步，懂得不斷地探索和自主學習，這是非常優的特質。在這本書中，他分享了「認清事實、突破自己」的心法，如此不藏私地大方分享，是當今迷惘的年輕人在追求夢想路上很好的指引。

林冠廷／台客劇場導演

從學生時期開始，我跟很多台灣的學生一樣，就是讀書、考試、升學。研究所畢業進了科技業工作，看起來好像一帆風順，但我還是不知道我想做什麼工作。後來誤打誤撞變成了一

個棒球 YouTuber，我才突然搞清楚我想要做什麼，想要過什麼樣的生活。看六指淵這本書時，不禁讓我邊看邊點頭，裡面很多內容跟想法，其實自己也都有類似的經驗。如果能早一點看到這本書，也許可以讓我更早朝自己想要的方向走。

台南 Josh／棒球 YouTuber

看完這本書之前，我認為六指淵是特效最強的 YouTuber，看完書之後才了解，六指淵根本就是一個很有想法的年輕創業家。書中很多青少年的問題，都是我跟我兒子正在面臨的，教育沒有正確的答案，也因此家長與青少年之間很難有共識，往往在不理性的溝通中失去了更寶貴的親情。書中六指淵分享了他的思考邏輯與解決方法！不只青少年該看這本書，更推薦給不知所措的家長，讓家長了解，想要孩子成功，不能光是會念書，也讓青少年了解，想要成功，不能只有夢想！謝謝，六指淵。

我是老爸／生活型 YouTuber

如果你問我，「夢想」與「特效」有什麼相似之處？我會回答你，別人不會知道那是什麼，直到你把它做出來，大家就

知道了。記得我是拍影片認識小六的，雖然我的特效是三腳貓功夫，但我非常喜歡過去兩次跟他合作的經驗。小六總能用一些創意的方式，去實現他腦中各種天馬行空的想法。以台灣的YouTuber 來說，小六絕對是視覺特效的第一人。而他人生的精彩程度，完全不輸給他的特效。25 歲開公司，創立無限設計學院，年營收破千萬，他到底是怎麼辦到的？讓我感到最驚訝的是，他其實和我們一樣，也經歷過失敗，卻能克服難題，不被他人的眼光限制，一旦確定要什麼，就立馬嘗試。這本書不只是小六的故事，更是他陪著你找夢想，找自己的過程，期待你也和我一樣收穫滿滿！

華爸／MOM&DAD

您好，我是透過我兒子認識你的。
他雖然不是時常看你的影片，但是時不時
還是會提到關於你和你影片裡的東西，
我孩子之前想當 YouTuber，現在沉迷於網路遊戲，
嚴重影響課業和品格，非常不愛學習，不做功課，
甚至常不去上學，和愛發脾氣，
雖然我們苦口婆心告訴他學業的重要性，
但是他不以為然，有可能他覺得
我們就只是為了騙他去讀書。
所以想了想，想透過一些人讓他相信，
或許他才會真正理解我們說的是對的。
想問問看你，能不能幫我這個忙？
我還不知道實際該怎麼做，但是主要就是透過你來告訴他，
你們成功的背後，其實也是靠學習才做到現在的成績的，
不管怎樣，學業都要優先照顧好，
不然就算遊戲玩得再厲害，拍再多的影片也無法成功。
不知道您願意幫我這個忙嗎？

我願意幫忙，請先看看我為你們寫的這本書吧！
希望對你們有幫助。

輸入訊息……

自序

嗨，讀者你好，我叫六指淵，是一個會做特效，又會程式設計的 YouTuber，已經在這個領域經營六、七年了，這完全是自學來的，而且我還致力於教育，創立 SIXVFX 特效教學網，與無限設計學院，讓更多人有機會自學，更輕鬆學會我所會的。現在網路上講到特效自媒體就會自然聯想到「六指淵」，蠻常有粉絲或觀眾私訊問我，他們的一些煩惱，不外乎就是如何進入這個領域？或是對人生感到遲疑徬徨，不知道要往哪個方向發展？而這些我自己都遇過，所以我打算透過這本書來跟大家分享我的故事。

我為什麼出這本書？

我是做特效的欸，為什麼不寫特效相關的書，而是出版一

本幫助青少年進行職涯探索的書呢？

這幾年我常常被邀請到青年局和親子天下教育創新國際年會等場合，演講關於「自主學習」以及「職涯探索」這類主題，甚至被親子天下邀請出版《你的夢想可能有點風險》這本書，其實我心裡很清楚我被邀請寫書的原因，雖然我並不是這方面最頂尖的專家，但我有兩個很適合分享這件事情的關鍵：

1. **我真的有自主學習的經驗，擁有專業技術專長，成功創業且年營收破 8 位數。**

2. **我演講至今超過上百場，且聽眾多為青少年。**

一般校園演講都是邀請大師、業界資深前輩或在江湖上走跳三十年以上經驗的人，然而這些人的經歷對學生來說都有一段距離，同學聽著聽著就會在台下滑手機、聊天或打瞌睡，他們會覺得，我才大學而已欸，人生還沒開始，就要聽你說三道四，再加上學生通常是因為課程安排，或是學分必修，逼不得已才來聽演講，所以演講的效果極差。

而如果是我去演講，主持人通常都會介紹說：「接下來要上台的這個人，年紀跟你們一樣，但他做的事情卻跟你們很不一樣！讓我們歡迎六指淵！」通常這樣介紹完，台下的同學眼睛都會亮起來，因為站在台上的人跟他距離很近，可能甚至是同

科系的同學，就會有一種「好啊，那麼邱，我聽你講，看你多會講！」他們一開始會看不起我，想要雞蛋裡挑骨頭，五分鐘後會慢慢開始跟著點頭、做筆記，最後 QA 時間搶著舉手問問題，數十場演講下來，我的演講效果通常都出奇的好，因為大家聽得進去。

所以我知道，我正在扮演一個很重要的角色，我的閱聽者都是跟我年紀相仿的人，他們這個年齡階段，可能正好是他這一生最重要的轉折點，其實特效的技術不是我人生達成目標的關鍵，**我的關鍵是懂得探索並自主學習**，所以我想用同樣的方法引導大家，找到屬於自己的人生版本。我就算不被看好也沒關係，因為這世界上有人需要幫助，而我採取行動了，而且我做這件事情是不求回報的。書是一種很好的載體，可以讓我把完整的經驗寫在裡面，如果我能夠幫助任何一個現在可能正處於低潮期的同學，讓他有一絲的轉念，或是想通點什麼，那麼我的目的就達成了，這才是我出版這本書的真正原因。

先預告大家我的一個小祕密（後面的篇章裡面也會提到），其實我要升高中時，家人原本是要把我送去讀軍校的，因為我在校成績很差，完全沒有任何長才，也不知道自己該做什麼，家人的想法是，去讀軍校不但可以鍛鍊體格，還可以領國家的

薪水，我無話可反駁。雖然我努力嘗試過很多興趣，特別喜歡藝術和音樂，但心中有聲音告訴我，這不符合世俗眼中「穩定收入」的期待，**儘管感到很挫折，我還是保有一顆想要證明自己的心。**

你的熱誠可能是成功的關鍵

　　某年暑假，我想外出打工遭家人拒絕，只能窩在家裡，只好想想有沒有靠家裡電腦就能賺錢的方法，當時智慧型手機問世，我嘗試把同學在下課時嬉戲打鬧的畫面帶回家剪輯，再上傳到臉書社團，逗得大家哈哈大笑。當我發現用影片就能逗大家開心時，就開始朝著剪輯之路努力耕耘，我學了多久呢？我每天自學 6 小時，持續一整年，不進步也很難。為什麼我有這麼多時間？雖然我還是「學生」，但我願意放棄玩樂的時間，找到了有意義的事情，就想立刻去做，我不想等畢業後才來煩惱找工作的事情，學生時期，就算你失敗了，你也還只是個學生，但出社會後失敗，最慘你可能失業，那時候你就更沒有籌碼可以為自己選擇了。**所以趕快尋找自己的專長吧，如果找不到，就什麼都去試，什麼都學。找不到最強的，就讓每件事情都一起強也不錯，成為一個跨領域全能人才。**就是因為當初的

大膽嘗試和努力，所以我才能大學畢業即創業。

向未來的自己下一個夢想訂單

各位同學，自我介紹不要再說，自己的興趣是「睡覺」了，大家聽完都是客套的笑笑帶過，不妨為自己貼個標籤吧，「我喜歡漫威，我的目標是要拍出超級英雄特效片」、「我喜歡籃球，我希望以後能打進 NBA」、「我喜歡汽車，我以後要當全職賽車手」，可以大膽設想，就算被嘲笑也沒關係，因為**會被嘲笑的夢想才有實現的價值，當你開始嘗試為自己貼標籤，公告大眾，你會發現全世界都會來幫你，因為大家都知道你想做什麼，因此各種機會、可能性都會自己找上你。**

你在閱讀這本書時會發現，我有時是在對你說話，有時是在對家長或老師說話。沒錯，這本書很適合家長、孩子或老師閱讀，因為有一些學習策略，想讓家長了解如何去引導孩子做出決定，也有一些成熟的技巧，想讓孩子思考如何做好準備與家長討論自己的想法。

最後提醒你，這本書絕對不是什麼心靈雞湯，是一本讓你認清事實，突破自己極限的書！

Chapter 1

你真的
沒興趣、沒目標、
沒夢想？

生涯發展
從興趣探索開始
擁有一技之長
讓大家不再看衰你

追夢特效藥
1

牢記攀岩口訣，安住你的父母

不管你想嘗試什麼，請記得三點不動一點動。
讓自己探索新事物的同時，也讓家人很放心。

牢記
攀岩口訣

「嘗試東西要像攀岩，三點不動一點動」，我想用這句話貫穿這整本書。

你現在可能在人生迷茫的時期，有很多事情都想嘗試，但如果你只有三分熱度，只求快，每次都沒有確保穩定，大膽的只靠單手或單腳抓到的岩塊，就想帶動全身往上攀，萬一你抓到的岩塊鬆脫了，會一瞬間跌落谷底。也就是說，如果你是學生，你當然可以嘗試新東西，但是你要確保原本該做的事情沒有受到影響，比如說課業，你要先盡好學生的本分。沒有要求你功課要變好，但起碼你不能退步，主要的事情你有把握了，就可以嘗試探索更多，試試看下一塊岩石鬆

做任何事都要像攀岩，
三點不動一點動。

不鬆，會不會有危險，如果鬆脫了，你至少還站穩三個點，如果你原本的事情沒有受到影響，那你就可以再繼續試試別塊。

　　為什麼父母會擔心你？為什麼大家會看衰你？你就想想看「攀岩的人」，如果四個點一起動，你會不會替他捏一把冷汗？你會不會看衰他，覺得他無法順利爬完全程？連旁觀者都會覺得照這樣下去，有很大的機率會什麼事情都做不好，所以不管你想嘗試什麼，請記得「三點不動一點動」。讓自己探索新事物的同時，也讓家人放心。

為什麼大家會看衰你
你想要探索什麼事情

我沒有興趣，
沒有目標，
也沒有夢想
可不可以？

其實可以，只要你不要影響到別人就行，如果你的興趣跟夢想是犯法違紀這類的事情，那你沒有興趣和夢想可能還比較好，今天**做任何事情都要以「不為社會造成困擾」為基礎，以「為社會帶來貢獻」為目標。**

我知道每個人對於「人生追求」的標準都不同，我曾經聽過別人抱怨說：「為什麼大家都要對我期待那麼大？我難道不能畢業之後就簡單找一份打工，下班後就打打遊戲，吃喝也都省一點，日復一日，不用升遷，不用存太多錢，生

活過得去就好，工作到老，老了再來煩惱養老………」，當然可以，反正你沒有危害到其他人，頂多影響到你父母而已，父母可能會時不時擔心你是否能夠照顧好自己的晚年。

但是像這種「沒興趣、沒專長，打打零工生活過得去就好」的目標，真的比較容易辦到嗎？我猜你可能沒有想過兩件事情：

1. 事情會有不順利的時候

你沒有考慮到風險，突發狀況，隱藏危機等等，你說你想要過「得過且過」的生活，但如果有一天你突然生病了，或家人生病了，沒有積蓄的你該怎麼辦？如果你待的公司突然倒了？你突然被詐騙了？投資失敗了？房子突然失火了？遇到這些突發事故，你該怎麼辦？

2. 人會有準備不足的時候

我想起以前在社團學爵士鼓時，學一陣子後，開始要上台表演了，雖然台下只有十幾個人，但還是會緊張，老師跟我們說，通常你準備 100 分的表演，實際演出可能只會有 80 分的水準，因為你會緊張，會失常，甚至可能會忘記鼓要怎麼打，所以如果要表演，我們都會讓自己練到 150 分，甚至 200 分的程度，讓身體深刻記得打鼓的每個動作與拍點，**熟練到讓整件事**

情變成理所當然，這樣到時候表演如果失常，那也還是有 100 分的水準。

比如你想要考全班第一名，結果考出來只有第三名，可能是因為你錯估了這次該準備的程度，或是剛好這次其他同學也都很拚命很認真。所以如果你想要考全班第一名，目標設定應該要放在全校第一名，這樣即使你校排掉到第五也沒差，因為有這樣的實力，你可能至少在班上也是第一名了。

總之如果你要當全台第一，你就要說你想當全球第一，如果你想當全球第一，你就要說你想要當全宇宙第一，**永遠都要設定一個「比原定目標更大的目標」**，所以如果你未來，想要過沒有任何一技之長，打打簡單零工的這種生活，那你目標就要更大一點，你的目標就要是**「有個一技之長」**。

所以不管你對「人生追求」的標準為何？為了防範最終結果會打折，變成我們不要的結局，我們都要加倍努力，才能承受風險帶來的差距。

｛ 永遠設定一個比原先更大的目標
加倍努力才能承受非預期的風險 ｝

為什麼
擁有專長的人
那麼厲害？

　　擁有專長這件事情，從來都不是一件容易的事情，有可能學完之後又失去，因為人類有個特色就是會「忘記」或「退步」，任何技能你只要一天沒碰，就要花三天時間才能找回手感，如果沒有勤於練習，養成習慣到讓身體記住，那真的就會退步給你看。

　　學習專長會需要花上不少時間成本還有你的熱情，這就足以刷掉一堆三分熱度的人了，所以掌握專長的人因為跨過門檻，基本上別人都會覺得你很強，你很帥，你很厲害，不知道你是經歷了什麼才學會這些東西。所以實在是蠻推薦大家

在求學時期就開發自己的專長和興趣，不要除了讀書就只會打電動，你這個人完全沒有廣度跟深度。

想像一下，今天有一個超可愛的妹子在你面前，你們可能聊上天了，是要聊什麼？只能聊電動？還是你覺得你就等看哪天，會不會遇到一個也喜歡打電動的女孩就好？那她這輩子遇到這麼多男生，每個都很善良很聰明，還有自己擅長的興趣或專長，憑什麼選你？

這本書的最後幾個章節我還會跟你分享，**擁有一技之長的人可以挑戰「零成本」創業**，因為技術都在你身上，可以憑一己之力打造出產品，或自己提供服務，因為這樣接案或賺錢，你耗費的就只有「時間成本」而已。

你常常抱怨爸媽總是處處限制你嗎？你覺得課業、學業天天都在追著你跑嗎？你現在的確是沒資格抱怨，因為你目前還沒有辦法獨當一面，因為你沒有能讓人閉嘴的才華，因為你沒有能養活自己的能量，因為你目前還沒有做出值得讓人尊敬的事蹟，所以**把你現在對生活的厭倦與不滿化為動力，想辦法去證明自己，讓自己成長吧！**

> 付出時間和熱情培養你的專長
> 把不滿都化為證明自己的動力

有實力
有正面影響力，
大家才會
聽你講話

讀雲科大的時候，我們數媒系的黃格崇老師曾對我們說過：「你們設計出來的作品不是你們說了算，是客戶或大眾說了算，如果你是個無名設計師，那你就要努力端出能贏得大眾掌聲，能讓客戶買單的作品，如果對方覺得不好，你只能埋頭照修照改，調到好為止，但如果你今天是知名設計師，或是實力獲得國際大賽肯定，那你畫出來的設計就不會是大眾說了算，而是你說了算，你對美醜的定義大家都會認同，你將可以主宰世界的美感。」

有實力有正面影響力之後，**做什麼事情都會變得很輕鬆，**如果是設計名師，你也不太需要改稿，不用周旋議價，不用看對方臉色，所有的人都會主動來找你合作，因為大家覺得只要是你經手設計的都很棒。你也想成為這樣的人吧？所以每個人都在為成為這樣的人而努力著，希望能夠趕快找到一個專長，讓技術能夠透過比賽得獎，被公認的制度給認證，打開公領域影響力，讓更多人知道你的厲害。我希望大家都能朝著這個目標邁進，相反的，如果你沒有正面影響力或沒有實力，別人對你的所作所為不能放心，自然會對你做的事情大打折扣。所以如果你期待有個飛黃騰達的成果，就必須繼續努力，讓實力足以被大神認同與肯定，**多參加校外比賽驗證自己的真實力，不用被知名度給迷惑，你只要有真正的實力，經得起考驗與檢驗，大家都會搶著認識你，各種機會也都會隨之找上你。**

{ 有實力，世界將由你定義
會什麼，比有什麼更重要 }

不要羨慕
同學有什麼，
但要學習
同學會什麼

我家境算小康，但我個人清寒，從小到大沒有什麼零用錢，要買什麼都要哀求很久，求到最後家人說要考前幾名才可以有的那種，難度很高，以前我常常羨慕富二代的同學，有特別的模型收藏，新款的遊戲機或高階的手機，所以我從小就對錢或物質的追求有強烈的慾望，我希望我能夠趕快有賺錢的能力，對於金錢有絕對的管理權，偶爾看看我的富二代同學，一開始是很羨慕，但到後來想想這好像比不完，如果我今天好不容易得到了新手機，他可能隨時還會再換更新

的，他也會不想被我比過去，他輕輕鬆鬆在物質生活隨時可以凌駕在我之上。

所以我轉換了心情，**我要跟他比的不是現在誰家境比較好，而是比誰未來有能力賺比較多錢**，到後面我看待同學的眼光都不一樣了，我不會再對家境好的同學感到驚艷，但我會對有才華的同學感到驚艷，像我國中的時候有個富二代同學，他美感很強同時又很會畫畫，對我來說又是一個挑戰，他的起跑點可能在我前面，他有資源可以學到很多他想學的東西，所以我如果在未來的職場上要跟他競爭，我就要更加充實自己的實力，打臉國中時期的他，讓大家知道，我不靠家境，而是自己熬出頭的，其實現在我反而更慶幸我不是有錢人家的小孩，不然我今天再怎麼努力，大家都會覺得這些是理所當然。

如果家裡狀況清寒，不允許自己追夢呢？就像有的人想學鋼琴但鋼琴很貴，有的人想學攝影但相機很貴，其實**追夢必須建築在務實的基礎上，如果這件事情真的是你要的，那你就要等到真的有餘力的時候再去做**，就像有人說他想當太空人，哪裡來的火箭給他搭？火箭可不是隨便就能買到的，就算是有錢人家小孩可能也不一定有這個機會，有時候想要達成目標要靠別人，但努力完全要靠自己，的確家庭經濟狀況會衍生出憤恨

不平，但也因為這些不平等，生長在這種環境下的小孩在未來吃苦能力會比較強一點，故事講起來也會比較勵志，**你現在應該幫自己找到適合的位置努力，隨時尋找能讓自己發揮最大價值的角色，隨時摩拳擦掌，有一天機會來臨你能順利承接住，而不是處處抱怨沒有自己想要的機會**，有時候學校的一些師長也會給我們一些機會，身邊這麼多的機會，你到底抓住了什麼？

{ 付出時間和熱情培養你的專長
把不滿都化為證明自己的動力 }

為什麼很多人
找不到
興趣或專長？

　　很多同學都對自己的人生方向沒有目標，眼看班上其他同學會好多才藝：跳舞、唱歌、畫畫、剪影片，不然就是很會讀書，回頭看看自己，成績差就算了，還沒有半個能拿來說嘴的興趣，只喜歡打電動，窩在家裡，發現有些同學也跟自己一樣，就覺得自己沒什麼目標也沒關係，未來再來擔心煩惱痛苦就好？

　　學生時期，剛入學或剛到新班級，老師要求大家輪流自我介紹，說說自己的興趣或有什麼才藝，有趣一點的老師甚至會幫忙錄影，這樣三年後要畢業時，就可以放給同學們看看自己當年青

澀的樣子。**新生自我介紹時，你可以觀察看看，這是一個可以讓你看出一個同學他的個性與思考模式的好機會。**

班上的同學一定都很緊張，怕自己講出來的興趣會被笑，這是一定的，有一種同學最讓我失望，他怕自己講出來的興趣會被笑，就直接回答：「我的興趣是睡覺」，然後同學們就會在旁邊一陣客套笑笑，準備看好戲的心想：「哇！好廢喔，興趣是睡覺欸！」「等著被老師罵吧！哈哈」，結果老師基於不批評的原則讓同學過關，你自己也沒料到，心想：「哇！這樣居然也可以混過。」然後你就自以為很幽默，看似化解了尷尬氣氛，沒想到下一位同學看到這個狀況，也跟著說自己興趣是睡覺，心想是不是沒有興趣比較輕鬆，不用擔心同學的嘲笑，大家不會太注意到你，不想出風頭，然後兩個變四個、變八個，搞得好像全班同學都有嗜睡症似的。

之前國外有做過一個實驗，有一座深山被盜採木材很嚴重，管理員為了解決這個問題，做了一塊告示牌，上面寫說：「此森林經常有人盜採木材，若經查獲將有重金罰則。」結果沒想到盜採木材的數量比以往多了三倍，損失更慘重，所以後來他們緊急改了一下告示牌的說法：「此森林沒人敢盜採木材，因為被我們查獲會有重金罰則。」結果盜採案例就變成個位數了。

所以其實環境對一個人的影響蠻大的，**為什麼你沒什麼興趣嗜好？可能你接觸的事物不夠多。**為什麼你不太會讀書？可能你身邊懂讀書方法的朋友太少。為什麼爸媽一出門你就克制不住想要打電動？可能你只有會打電動的朋友，其他領域的朋友太少。

{ 發展興趣需要有不同環境刺激
跨出舒適圈到各種領域交朋友 }

想做什麼就大聲說，全世界都會幫你

好，假設你今天已經有一個值得學習的偶像，已經有想嘗試學習的專長了，那下一步就是高調對外界表態你想做的事，把你 Facebook 自介、Instagram 自介、Line 的狀態列、Discord 狀態統統都高調打上你的目標，比如「立志成為台灣最強的甜點師傅」「想一起鑽研動畫特效的技術歡迎私訊我」「最近正在自創品牌服飾歡迎合作」像這樣，把自己的社群版位當廣告打，然後如果在學校，你有需要自我介紹的場合，就直接把想做的事情介紹給大家，不要怕被嘲笑，如

果有人酸你，你就贏了，因為大家都會害怕同儕行動力比自己快，成就比自己高，所以**第一步就是你要勇敢讓大家知道你正在做什麼。**

當你高調公開分享你的夢想與目標，你會發現其實有很多好處的，全世界的人都會來幫你。

人其實有個天性，就是想要讓自己對外呈現一種人脈很廣的感覺，「你要買車？我有認識的阿」「你要去北投？歐歐，我認識一間牛肉麵老闆，可以報我的名字有小菜」「你尾牙需要表演者？我弟是魔術師阿」，當你今天在社群媒體上形成一個人設標籤，讓別人看到你的介紹之後，知道你現在從事的工作或興趣是什麼，自然會在潛意識裡留下印象，你別小看這個力量，你只要輕鬆打好自介，你上百個臉書好友都會是你的自動推銷員，在一般社交場合，也可以簡單介紹自己，大家都會想好好累積自己的資源的。

這個道理就像接案一樣，我高中的時候就常常接一些動畫特效的小案子，然後就會有朋友問我說，他也想要接案，但是他不知道案子從哪裡來？要去哪裡接？但其實他搞錯重點了，想接案子不是去找哪裡接，你找到天荒地老都找不到的，想接案的重點是要讓別人知道「你能接案」，所以我為了接案，累積

只要勇敢說出志向，
全世界都會來幫你。

作品集，架設網站，在社團發表作品留下聯絡資訊，無所不用其極的想盡辦法讓別人知道「我能接案」，這樣大家哪天突然有外包需求才會想到要找你啊，難道你以為走在路上，案子就會從天而降打在你臉上嗎？

{ 勇敢讓大家知道你正在做什麼 }
高調公開分享你的夢想與目標

鎖定
一個偶像，
以他為
努力的目標

如果到目前為止，還沒有想法，不知道該往哪個方向發展興趣或專長該怎麼辦呢？其實有一個方法，就是**鎖定一個偶像，看看他平常做人處世的方式、或他擅長的才華**，如果偶像擁有的正好是你喜歡且嚮往的話，或許你可以**以這個偶像為目標，期許自己將來要變得跟他一樣厲害**，作為努力方向，而這個技巧是來自於我自己的親身經歷。

我在學特效的時候，有一個偶像是 Andrew Kramer，他創辦了一個叫 Videocopilot 的教學網

站，上面放了很多他自己錄 Adobe After Effects（AE）特效軟體的教學影片，也開發了很多強大工具讓創作者使用，所以我就有樣學樣，自己也架了一個特效教學網，每週寫兩篇教學文章，然後也創辦 KOLpower 開發很多幫助創作者加速創作的工具。

而我經營 YouTube 影音頻道，是因為以前很喜歡一個叫 Smosh 的頻道，他們是當時 YouTube 上訂閱數最多的搞笑頻道，我也希望自己能跟他們一樣，讓自己拍的影片被很多人看到，所以我拍了六年，累積到現在有五十幾萬訂閱數。

這幾年創業當了老闆後，我有了一個新的偶像，叫做尹隆·馬斯克（Elon Musk），他是真人版鋼鐵人，他說他人生只做三件事情，一個是互聯網，一個是綠色能源，一個是宇宙開發，於是他真的創辦了 PayPal、Tesla、SpaceX，以讓全人類進步發展為目標，所以我就學他為自己立下一個人生目標，就是要打造創作者的一條龍服務，從教育出發，然後提供曝光和開發工具，輔導經營到變現。後來我真的創辦了無限設計學院，SIXVFX 特效教學網、KOLpower 創作工具等等，現在還在努力讓這一條龍更成熟健全，不過很明顯的，這個動力來源就是，**我想要變得跟我的偶像一樣厲害，他們事業都很成功很有正面影響力，我也要努力學習他們好的地方，讓我人生未來也變成勝利組。**

未來想過什麼樣的生活？

如果你到現在為止都還沒有任何人生目標，可以**問問自己：未來想過什麼樣的生活？**然後看看自己的偶像付出了哪些代價，做了哪些努力，透過什麼專長才一步一步達成這些成就，其實一定都會有新聞報導，或他們的演講紀錄，你很容易就能了解到。

那麼，這個思維有沒有漏洞？有！

我還記得在親子天下教育年會上分享如何引導孩子自主學習的時候，我就是分享我向偶像學習的這個經歷，而我印象很深刻的是，當我分享完，台下就有一個媽媽來找我，說她聽完我的演講，覺得我很厲害，有辦法去找一個偶像就跟著學習，她說她女兒目前也有偶像，是喜歡韓國偶像，整天都在追星，買一堆周邊，花費很高，但是她女兒還是不知道自己要做什麼。我頓時蠻震驚的，這的確是我沒想到的情況，我當時回答她說，追星也沒有不好，就是要懂得節制。

但是我今天想跟大家分享一個重點：我不是追星族，不是飯圈，雖然我也崇拜偶像，但不只是這樣簡單而已。我還有以偶像為學習目標，甚至是仿效偶像做他在成功的這條路上正在做的事情。所以你的女兒她沒做錯事情，就差在有沒有思考，

這個偶像哪裡值得學習？這個偶像過的生活是不是她要的？這個偶像為了達成這個目標做了哪些努力？付出了多少代價？說不定你女兒的人生目標正是要成為一個韓國偶像也說不定，那我們可以轉化為理性討論，**評估想達成這個夢想到底要付出什麼努力？**

如果孩子表示，不想以偶像為目標學習呢？還是純粹想要追星呢？那的確是有點棘手，這位媽媽可能就會想要禁止她女兒追星了，但如果她現在是靠追星在填補她內心空洞的話，直接禁止會蠻危險的，因為如果童年沒有被治癒，她就會用一生治癒童年，出社會後有金錢能力，不受家裡約束，就會把童年缺少的都補回來，報復性消費。家長很常代替小孩做決定，總覺得小孩長大後一定會感謝家長，但其實很少有小孩會因此感謝家長的，**家長應該做的事情是引導小孩學會自己做出決定。**所以這位媽媽要做兩件事情：

1. 讓女兒接觸更多有趣的事物

擴張眼界不只追星，現在女兒的生活中除了追星沒有別的，但你想像一下，如果女兒有自己熱衷的興趣與專長，平常都會從事各種運動休閒活動或出國旅遊，也會看書充實自己，然後也沉迷追星，這樣聽起來好像就覺得沒什麼差，因為追星

只占她生活的一小部分而已，所以**不要想如何禁止，而是要想著如何分散注意力**。

2. 引導女兒理性追星

先試著了解認同再來協助分析，問問女兒為什麼會喜歡追星，吸引她的點是什麼，先去了解女兒沉迷的關鍵原因，接下來就可以開始分析優缺點，比如說花太多錢買周邊，或是浪費太多時間沒空念書，而換來的好處卻只有療癒身心，或可以跟姊妹好友炫耀。然而這些錢是怎麼來的？是自己努力打工賺來的呢，還是父母辛苦工作換來的錢？如果有一天爸媽也追星，把存款都掏空，All in 在周邊會有什麼問題？

如果覺得這些問題太負面，可以正向一點思考，問問女兒，這些偶像有什麼值得我們學習的地方？能夠讓粉絲這樣瘋狂消費，買產品支持的原因是什麼？你想要當瘋狂花錢的粉絲，還是瘋狂賺錢的偶像？像這樣子，**用提問的方式去引導思考，我們的最終目標是讓孩子可以理性思考追星這件事情的得失，進而能夠自我節制，而不是直接否定孩子正在做的一切。**

{ 問問自己：未來想過什麼樣的生活？
讓偶像的優點才華成為自己的學習目標 }

想辦法
為自己找到
成就感

　　跟大家分享一下我的童年，我不是天才兒童，但我七、八歲時卻夢想成為一位瘋狂發明家，我喜歡拆卸家裡沒用的老機器，像是舊型的底片相機、收音機、遙控器等等，我想要了解原理是什麼，看有沒有辦法取得關鍵的原件，去拼湊出新的產品，聽起來很屌對吧？

　　但每次都因為我完全不懂背後的知識或科學原理，拆完也不知道怎麼組回去，比如說底片相機，我從相機觀景窗拆下一塊鏡片，我放到眼前，發現看出去的事物都變得好清晰，我當下興奮的對自己說：「我發明了一個迷你望遠鏡！」

心裡面很大聲的那種，這大概可以拿去學校跟同學炫耀，握在手心玩上好幾個月，現在想想很可笑，但讀者你要知道對一個當時只有七、八歲的小孩來說，這已經是一個莫大的成就感了。

同學們也都是第一次看到我手上拆下來的東西，看著他們喜悅的表情，我掌握到「原來大家都會對沒看過的東西感到興奮」，當時我也清楚，那些根本就算不上什麼發明，只是把東西拆掉而已，所以我要嘗試用別的方式「從無到有」創造出新的東西，用比較專業的說法我當下就是在「嘗試轉型」，所以我開始嘗試很多可以創造新東西的能力，像講笑話、音樂、畫畫，比較值得講的是摺紙，我國小三年級的代課老師桌面很亂，我用A4紙摺成桌上型掃把送他，他尷尬地跟我說：「謝囉。」禮貌性微笑的稱讚我很會做東西。

長大後當然是回首笑看這一切，因為做出來的東西其實很醜，也不怎麼樣，研究了那麼多東西生產力幾乎是「0」。但可以觀察到，**我小時候雖然沒有實現成為天才發明家的夢想，卻瞎打誤撞地讓我燃起了創造東西的樂趣。**

{ 從無到有能創造出成就感
大膽嘗試燃起你的創新魂 }

如何快速
學會一個
技能？

　　一款遊戲如果難度太高，總是打敗仗，沒把握在朋友面前風光，你當然不會想嘗試。但如果你有幾次小勝利，慢慢增加難度，熟能生巧，就會開始有自信了，才會開始想要炫耀給同學看，甚至開直播打給更多人看。我當初在學習特效也是一樣，如果我第一個作品，就妄想要做出超屌的曠世巨作，那我可能會直接受挫，然後就放棄特效這條路，這樣你們也就看不到現在的六指淵了。

　　我快速學習的關鍵點其實是在獲得「成就感」，成就感來源有很多，你的成就感來源可能

很多是給家人看，或是給網友看，以我為例，一開始只是做一個超簡單的噴血特效，血還是現成的影片素材，疊上去而已，同學就笑得很開心了，「讓同學開心」對我來說，就是我的成就感。所以我會給自己設一個小目標「明天我要秀一招酷東西給同學看」，然後一開始千萬不要做太屌的東西，你要找那種下課後花一到兩小時研究就能做出來的效果，愈簡單愈好，每天一招就夠了，10 天就會有 10 招，一年內你就會在這個領域鑽研了300 多個技巧。

而且有一個方法可以掩飾你前期生疏的技巧，就是「**趣味改造**（不傷害他人的二次創作）」，我最初練習後製特效都是從拍攝我自己或我很熟的朋友開始，很感恩他們願意答應入鏡讓我拍攝，做為後製特效的練習素材，我請他們在鏡頭前演戲，捶牆壁，表演中彈，然後我回家再進行後製，你會發現因為是用你同學的畫面練習，所以你會更費心思的改造這些素材影像，技巧不用很困難，同學看了一樣會很開心，因為重點不完全是在你的技術上，被趣味改造的同學在畫面上會為你額外加很多分，大家會先笑同學演出的動作，然後再來回味你的特效。那如果你是別的專長呢？比如說彈吉他，你可以用你的幽默或創意改造一首曲子；比如說畫畫，你可以畫一張改造你自

己的肖像畫；比如說讀書，你可以出改造的機智問答給同學。

創作是讓大家認同你的幽默，不是引發仇恨

當你好不容易找到了一個專長跟興趣，千萬要好好拿捏你創作出來的作品，因為心智成熟度較低的人，有時候會自以為有趣的，以惡搞、捉弄、霸凌他人的形式在創作，但這種感覺就好像你在看一部電影，超級英雄死守的神器落入到壞人手中一樣，你想說完了，這個神器足以拯救世界，當然也足以毀滅世界，而專長與興趣就像是超能力，全看你怎麼運用，如果你做出來的是正派、鼓舞人心、讓人笑起來，或長知識的創作，那他就是一個好的超能力。但如果你做出來的是完全不懷好意，只是煽動他人跟著取笑，以合理化自己的作為，那你倒不如不要有這個興趣。因為你把這個能力用在了不對的地方，你累積出來的負面「笑果」，都只是一時的假象，對你未來一點幫助也沒有，當你有一天不小心玩火自焚出事了，大家只會跟你切割關係，甚至落井下石，不會有人幫你的。

如果你真的想要創作惡搞形式的作品，比較安全牌的做法就是以自嘲自己為方向創作，因為有時候你能忍受的玩笑，別人不見得也能接受，但如果是自嘲自己的話，反而大家會覺

得，你很有氣度，你居然願意為了逗大家開心，自嘲自己的缺點及短處，你只要不要做蠢事，影響到他人，或踩到法律界線，登上負面社會新聞就好，但你也得知道，你累積愈多的方向，就會讓你成為那樣的人，最終，在別人眼裡你就淪為該形式的創作者，你如果太晚才想通，想轉彎，會很難扭轉大家對你的觀感，所以你該儘早判斷你要成為什麼樣的人，並做該做的事。

所以切記，當你有了超能力，就應該要用在對的地方，千萬不能有任何一次惡意創作，誹謗、中傷他人，造成不好的觀感，玩創作不應該玩出問題，應該要處處小心謹慎，愛惜自己的羽毛，不然當你有一天成名了，你過去負面的黑歷史不管過了幾年，一定會被一一挖出來，重新被社會撻伐一遍，得不償失。有了超能力，你就應該當拯救世界的超級英雄，就像《蜘蛛人》電影中的經典台詞：「力量愈強，責任愈大。」(With great power comes great responsibility.) 能力要用在對的地方，多多幫助他人，讓自己更好，創造正面影響力，回饋社會，而這些作為，在未來都會累積，成為你最終贏得每一個掌聲的關鍵。

讓事情簡單有趣會比較有動力

當然你不能總是做一樣難度的，需要愈做愈難，這樣同學才會持續有驚喜感，也因此你會在不知不覺中愈來愈強，所以當同學漸漸覺得沒什麼時，我就開始增加難度，開始做飛天遁地、噴冰噴火、槍戰魔法科幻的特效，總之，**讓事情變得簡單有趣，你會比較有動力，因為你是在享受「玩」你的興趣。**

說到「玩」，玩遊戲時大家都會沉迷在一些繁瑣重覆的小動作上，比如勤勞的每日簽到，熬過任務前置的無聊準備，耐心研究數值裝備，那我們何不讓讀書這件事情遊戲化？單純讀書不是很無聊嗎？我前面有稍微提到，如果你想要快速學習一個興趣，可以嘗試「趣味改造」，那要如何讓讀書變得好玩起來呢？我們一起來設計一個遊戲，我們可以將班級分成 ABC 三組，A 組負責出題目，題目來源可以是老師上課中講的重點，或課本裡面的內容，A 組可以控制讓題目要變得簡單或是困難，另外 BC 兩組負責遊玩參加搶答比賽，最後選出最高分的一位同學跟最高分的組別，獎勵是可以被榮耀的記錄在黑板上一整週，可能就寫「本週智慧王是：×××同學，獲勝組別 C 組」之類的，以此勉勵，那輸的組別懲罰就是要負責想下週比賽的題目，這樣就可以持續循環，攻守交換，你會發現出題目的人會

翻盡課本找到答案，而且資訊錯誤會被砲轟，所以會儘可能跟同學或老師交流確定資訊無誤，這還只是比賽的效果而已，往後在課堂上，同學也會更認真聽課，因為他在找尋老師目前講的重點，適不適合被拿來做成題目，是不是不錯呢？這個遊戲就當作參考，如果你們有想到其他更有趣的遊戲化方式都可以嘗試看看，不過如果有老師或同學，真的用了我這個遊戲法取得成果的話，我蠻希望你們可以將心得跟過程記錄下來，寄到我的信箱，如果真的有成效不錯的案例，說不定可以來場視訊遠距交流分享。

{ 先求小勝利，才增加難度
熟能生巧，慢慢建立自信 }

六式夢想
評估表

　　我有一個親友叫小白（化名），小我 11 歲，我出社會之後，遇到他在打電動時我都對他感到擔心，因為我自己在愛上特效前，花了太多時間跟精力，沉迷在打電動上了，而且我的高度近視也是因此而來的，覺得應該阻止他步上我的後塵，他有一天還突然跟我說他以後長大要當電競選手，讓我更傻眼，但是後來想想，我這樣的態度不就跟糟糕的大人一樣，自己考不到建中北一女，卻要小孩當學霸，把自己以前做不到的遺憾，自認好心的期許在下一代身上，所以我覺得我不應該去限制他想當電競選手的想法，而是要**讓他學會如何評估代價**，如果這些代價他都能接

受，那我就沒什麼好說的了。

這也激起我想出版這本書的動機，希望能夠幫到小白，以及跟他年紀相仿的人，**這是我設計的「六式夢想評估表」，如果你有夢想，想要說服家人的話，請一定要完成這張表，至少證明你是想清楚這件事情的，同時也是幫助自己去梳理這件事情能成功的可能性**，如果你是家長，平常可能都是直接回絕孩子的想法，或是一昧地說不好，或許看到這邊也可以將這個表格提供給你的孩子，一起協助他完成這個表格。（空白表格附在本書最末頁）

你可能列完這張表，內心就開始動搖了，但設計這張表的目的不是要讓你知難而退，而是要讓你釐清可能會遇到的問題，讓你可以先將這夢想道路的地圖展開，看看崎嶇蜿蜒的山路，以你現在的狀態，開不開得過去，過不去的話要做哪些準備，先準備好，讓父母清楚，這樣大家才願意讓你隻身上路。

所以這張**表格的真正目的是希望幫助你降低失敗的機率**，而不是書讀不好，你就想嘗試東嘗試西，做事三分熱度，一遇到挫折就覺得自己很廢，覺得自己什麼事都做不好就開始擺爛，我不希望大家對自己的夢想有遺憾，更不希望大家輕視了自己的夢想，所以小白如果今天拿了這張表格跟我說，他想要

我的夢想：電競選手

成功率

1. 每年有 10 萬個人競爭這個職業
2. 每年比賽取得名次的人數有 300 個人
3. 成功率為 0.003%

優點

1. 薪水 2 萬～ 30 萬
2. 賽事獎金冠軍全隊獲得新台幣 150 萬
3. 我喜歡打電動，當選手可以讓我每天打
4. 電競是獲得國家認可的

條件

1. 年齡：16 歲到 25 歲
2. 經歷：遊戲排名前十名
3. 天分、熱情、抗壓性高
4. 反應快、團隊默契佳

實踐

1. 報名訓練營住進宿舍
2. 每天要訓練 10~14 小時
3. 與團隊培養默契
4. 作息規律

代價

1. 長時間盯螢幕對眼睛的傷害
2. 常熬夜訓練肝可能會出問題
3. 手指手腕可能會得關節炎
4. 除了比賽沒有太多職場優勢

失敗的後路

回家幫忙接手家裡的生意

嘗試往這個方向開拓，我就比較無話可說了，因為至少他知道他自己在做什麼，他為他的人生做決定，也為他的人生負責。

　　親愛的讀者，如果你填完這個表格想分享出來，可以在社群上 Hashtag「＃六式夢想評估表」，如果我看到你的用心，可能就會跟你留言鼓勵喔，不管你最後有沒有要真的去實踐這個夢想都沒關係，因為至少你已經讓自己知道，你曾經仔細評估過這個可能性了。

{ 當一個會評估失敗率的夢想家
聰明分析為自己的人生做決定 }

也有壞掉的偶像，年紀愈小愈崇拜

題外話，我當時也有用「尋找偶像」這個技巧，來嘗試引導我的親友小白（化名），他當時才十歲左右，但他太沉迷於電動了，我就抓他過來，希望他能夠找到興趣，我就問他說你有沒有崇拜的偶像，他說有，我很高興，我問是誰，他回「×玉。」我深吸了一口氣，因為他說的這位，是個平常行事風格大膽，常常上負面社會新聞的公眾人物，我保持理智的問他為什麼，他回：「因為我覺得他很酷。」我很錯愕，他怎麼會崇拜這樣錯誤的公眾人物，而這不是我一時半

刻可以跟他溝通講完的，我的擔心，讓我覺得應該要出一本書來講清楚，才能讓我有足夠的時間把我想闡述的觀念說明白，對，這本書是為了寫給小白看的，**小朋友還沒找到自己人格特質之前，只要網路上的公眾人物有風格獨特的人設，就會想要崇拜效仿，藉由追隨來映射自己空缺的人格特質，而會吸引小孩眼球的人設，往往是聳動、羶腥色、刺激，設計規劃好的行動。**

「自媒體」的意思：自己就是媒體，所以人人都有機會累積觀眾，變成公眾人物，而自媒體也有分派系，有正派，也有邪派，不良的自媒體可能會為了短暫高流量，拍攝刺激危險不良的主題來博眼球，有孩子的父母都會很頭痛，因為小孩如果盲目崇拜，可能會去模仿影片上看到的一舉一動，大人觀眾還分得清楚對錯，但心智幼小的孩童，可能會以為那些不良行為是合理的，而這類派系的自媒體往往都會說，他們觀眾年齡層很廣，是小孩自己選擇要來看他們影片，辯白說教育小孩不是他們的責任，父母不應該把管教的責任丟給網路云云，但我覺得這是為了流量變現，導致創作者沖昏頭的卸責說法，如果自媒體本身真的有認知到自己的作品不合適給幼童觀看的話，應該有擔當一點，影片權限直接設成需要年齡驗證才可觀看，先

不管有的小孩還是會破解家長的帳號來觀看，至少你這個行為讓大眾看到你對流量道德的態度，**你獲得流量的方式必須心安理得，才是一個對社會教育負責任的人，儘管小孩很需要家長管教，但整個媒體環境也需要眾人齊心來改變進步。**

我不敢說我的三觀一定正確，但這是我努力的方向，我希望我的作品帶給觀眾的是正向、合法、健康、積極的，我也感謝我高中時期的兩個恩師提醒了我，一位是林兆泓老師對著全班說：「**將來你們要做對社會有貢獻的事情，要當個對社會有用的人。**」另一位則是廖芳慶老師對我說：「**你在網路上有話語權，就要更加注意自己的言行舉止，要做別人學習的榜樣，做對的事情，幫助更多人，帶給大家正能量**」。

讓偶像的優點才華成為自己的學習目標
注意自己的言行舉止，做別人學習的榜樣
做對的事情，幫助更多人，給大家正能量

Chapter 2

誤走
冤枉路，也勝過
止步不前

世上沒有白走的路
累積「智慧」、「經驗」
成為最強的超能力

追夢特效藥
2

大賢者的智慧和經驗

每一條路都是能力加倍的機會，
想嘗試的都去試試看，失敗也沒關係。

如何確定
自己的**方向**
是對的？

　　很多人其實不知道，一個專做特效擁有五十幾萬訂閱數的創作者，曾經學過近六年的小提琴，在水電行當過學徒，在餐廳端過盤子，還差點誤入軍校，到底六指淵的人生有多麼的曲折迂迴，最後變成在做特效？因為這些故事太複雜，我平常被媒體採訪時，並沒有機會仔細聊，今天有幸藉著寫書的機會，就來跟大家分享一下。

　　為什麼我的人生會有這些過程？這些經歷又對我的人生產生什麼影響和幫助？

{ 為什麼你的人生被那些人事物影響？
你有什麼樣的經歷對自己產生幫助？ }

我其實當過管弦樂團小提琴首席

先從學小提琴這段經歷開始說起好了。小學一年級的時候，我在電視上看了一部電影叫《飛天巨桃歷險記》，裡面有一隻蟋蟀在拉小提琴，讓我覺得很酷，我就跟我媽說：「我也要拉小提琴。」然後我就被帶去上課了，第一堂課讓我印象很深刻，大概同時有七位跟我年紀差不多的小朋友一起上課，剛開始還不會讓你拉到琴，而是要你先學會如何用下巴跟肩膀把琴夾在脖子上。

老師給了我們一個任務，就是今天每個人都要夾著琴，那個動作就像騰出雙手只靠脖子在講電話一樣，維持超過三十分鐘，才聽完這句話，

已經有兩個小朋友開始哭了，直接原地放棄，其他人繼續撐著，接著「蹦、蹦、蹦」聽到小提琴一個個摔到地上的聲音，因為對年幼的小朋友來說，把琴夾住是一件很不容易的事情，然後有三個小朋友，很努力的讓琴持續維持在脖子上，我就是其中一個，其實我當下夾得蠻痛苦的，但聽到其他家長在旁邊說：「喔，你看他身體都沒動，很冷靜欸！」「弟弟啊，你看那個小朋友琴夾得這麼好」「再努力一下，這琴要兩千塊欸，不要浪費媽媽的錢」，我一邊聽著一邊開始有一種優越感，我還裝酷，邊夾著琴邊講說：「喔，我覺得還好啊，這沒什麼。」但其實，我的身體也快到極限了，我很後悔，明明下巴夾琴已經很痠了，為什麼還要動下巴講話？

後來第二堂課，上課人數瞬間少了一半，看來有些小朋友放棄了，這不只是三分鐘熱度的問題，可能他們真的被小提琴的學習門檻嚇到，剩下的同學就開始按部就班的學琴，我這時才驚覺不妙，學小提琴不是一件容易的事情，除了夾琴之外，手指按弦非常痛，還要訓練音感，老師很兇，有時我會學到流眼淚，就這樣艱苦的學了六年，好險我拉得還不錯（都學了六年了當然會不錯），至少比賽都得了名次。

我的童年是否錯過了什麼？

但是到國中後，因為功課太忙就沒有繼續學了，當下其實有種感觸，懷疑自己是不是花了太多時間在小提琴上？我的童年是不是錯過了什麼更美好的事情？我知道除非拉琴技術真的很頂尖，不然是很難靠它吃飯討生活的，我自認技術沒有好到能夠上大舞台表演，或是當音樂老師教別人，當時唯一想到的可能性就只有當街頭藝人賺外快。而在學校唯一可以光明正大展現自己的時機就是音樂課的才藝表演，我可以讓同學驚豔，但也僅只於此，後來我從普通的小學生變成了普通的國中生，直到某個事件，才讓我慶幸自己學過小提琴。

國中來到課業地獄，難度比國小躍升非常多，我其實不太會讀書，全班三十幾個人，我班排落在第 10 到 15 名左右，國中時期大家的目標都是要考到好成績、上好學校，所以我一直覺得會讀書的同學很厲害，國中開始有社團時間，可以讓大家去選擇自己的興趣，有魔術社、羽球社、籃球社、合唱團，蠻多種類別的，而我因為不想讓學了六年的小提琴生疏，於是選擇了管弦樂團，然後整天都在思考人到底為什麼要讀書，為什麼要考試，為什麼要升學，因為想像力很豐富的關係，當時還想像人類應該要發明一個技術，可以把聰明人腦袋裡的知識，

轉移到笨的人腦袋裡，這樣笨的人就不用讀書了，但是其實就算有這個技術也沒用，因為人類有個很重要的特色就是會「忘記」事情，所以即使有這個技術，還是會一代不如一代。所以我們**如果要強化某個領域，其實就好比玩遊戲，要投入相對應的時間才會變強。**

接下來離題一下，我想分享的是「忘記」，這並不完全是缺點，而是人類的特色。

{ 你會以自己的興趣來選社團嗎？為什麼？
有什麼事情值得自己堅持投入不放棄？ }

你要超強
大腦記憶，
還是超強
大腦效率？

　　如果今天有兩種能力，一個是「超強大腦記憶」，另一個是「超強大腦效率」，你只能選一個，你會選哪一個？

　　你問我的話，我會選擇「大腦效率」。是我覺得記憶不重要嗎？不是。而是我覺得記憶力太強會有一些隱憂，坊間有一些讀經班，或者是以開發幼童腦袋記憶力為噱頭的課程，蠻多家長看了都會心癢癢，覺得未來小孩考試一定很需要記憶力，就送進去訓練，我不是要說這些東西無效，反而是怕他真的有效，因為我覺得有一點很

可怕，人類其實是需要靠「忘記」才能讓自己進步成長，你今天如果遇到什麼難過、難堪的事情，比如你失戀，或輸掉比賽，是不是需要靠時間去沖淡一切？但是如果你記憶力很好，什麼都記得，你記了一輩子就會難過一輩子，如果能「忘記」，你才可以比別人更快走出低潮，更專注在你的課業或事業上，不會有太多雜念干擾你，不然你讀書的時候一直想起難過的事情，書還讀得下去嗎？

所以我才覺得**我應該訓練「大腦效率」，在我遇到困難的時候，腦筋可以動很快，迅速找到解決方法。**尤其我現在開公司當了老闆，我如果需要記東西，其實我會寫在筆記本裡，沒時間動手記，我的助理也會幫我記下來，所以事情忘記也沒關係，因為我會翻筆記來看，這代表記憶力差是可以靠「寫筆記」來補足的，不要異想天開的只靠腦袋記得所有事情，因為人還會「記錯」，不可能有老闆會接受你跟他講說：「我沒有紀錄，但老闆你放心！客戶的需求一切都記在我的腦袋裡了！」老闆絕對會因此失眠，大概下個月你就被裁員了，所以世界上才有筆記、會議紀錄、歷史記載的存在，因為留下筆記，才不會記錯或誤傳，所以我認為**大腦記憶力差沒關係，「大腦效率」才是真正有價值的能力。**

好像不小心扯遠了，已經 25 歲的我，當然可以下這些酷結論，但國中的我還沒這麼厲害，我當時還在苦讀地獄中，我還想過我們可能都是「假的」，其實在更遙遠的太空，我們只是一群外星人的實驗體，我再怎麼努力可能都是徒勞，我可能是地球上唯一清醒的人類，我幹麼還要浪費力氣讀書？我想太多了，這只是太懶得讀書的人，天馬行空想出來的藉口。

那時候每個同學其實都在煩惱一樣的事情，就是基測，現在好像改名叫會考了，總之就是國中升高中的大考試，大家都在擔心考差怎麼辦，如果讀到不好的學校，被家人嫌棄怎麼辦，變成親戚的笑柄怎麼辦？一直到要考基測前 100 天，突然出現了一線生機，老師開始詢問同學平常有沒有參加一些教育部辦的比賽，升學的時候，可以輔助加分，大部分的同學都沒有參加過什麼比賽，而我仔細想想，我參加管弦樂團有代表學校拿到優等，而且是教育部的比賽，頓時感到慶幸，好險我還有小提琴這個技能，這六年的琴不是白學的！當時不管是家人、老師或世俗觀念都覺得一定要讀國立的學校人生才會發達，後來我不負眾望，實現了家人的願望，這個音樂比賽讓我加分錄取了雄工圖傳科！那念國立或私立學校人生真的就會有不一樣嗎？這個待會兒繼續聊。

我原本一直在質疑自己，人生是不是走錯了方向？是不是還有比小提琴更好的選擇？但其實這些擔心都是多餘的，因為**不管你走哪條路，都是讓你的人生歷練更豐富，你有很多好牌在手上，只是看你要如何利用而已，那些暫時派不上用場的技能，讓你有更多祕密武器可以在緊要關頭使用，就好像遊戲王翻開覆蓋的陷阱卡一樣。**

{ 花一點時間提升自己大腦的效率
多蒐集些讓人生翻盤的祕密王牌 }

差點
被送去
讀軍校
的故事

　　回味過去，突然發現一件事情——我差點被父母送入軍校。

　　如果此事成真，那麼，現在這個平行時空的我，已經跟雄工擦身而過，這個世界上也不會有「六指淵」這個角色了！

　　我國中生活過得很糜爛，不知道未來要做什麼，一有空就只想打電動，當時的成績真的上不了好學校。有一天家人突然跟我說，國中畢業直接去讀軍校吧，好處很多，不用花學費，這麼瘦正好可以進去練體格，國家還會付薪水給你，

高中讀完還可以直升大學，你現在這麼混，也不知道未來能夠找到什麼好工作，領軍校的薪水還可以照顧家人，給一點孝親費……。聽完這番話，內心有點掙扎，但完全無法反駁，我真的對未來沒有把握，我沒辦法很明確的承諾未來可以達成什麼成就，軍校給的福利卻是明確擺在眼前的事實，現在家人建議我讀軍校，我好像也只能往這個方向走下去。

且戰且走寫日記，沒有選擇也要很努力

接下來我就在網路上爬文，有很多正反兩極的軍校心得文，比例大概是正1反9吧，心想也合理，畢竟是免學費還會發薪水的學校，所以有缺點也是理所當然的吧！就開始嘗試安慰自己。讀者可能會想說，你國中時候不是已經開始拍影片了嗎？對，但當時才剛開始摸索這個領域，沒有把握是不是有天分走這條路，也不確定未來發展是否會順利？家人也跟我說，如果真的有一些興趣，可以在軍校課後之餘去嘗試練習啊，很多人未來做的事情都跟當初就讀的學校科系不同，所以不用想太多或太介意，於是我大概花了一整個月的時間，每天都在說服我自己，我準備了一本筆記本，每天記錄從現在開始到軍校以後的日子，我試寫了幾天，都在寫我每天如何給自己心理建

設，包括幾個禮拜後就要去做體檢，我體重太輕，要如何在這段時間加強鍛鍊，讓自己能順利通過體檢。

很快到了去體檢的時刻，長長的隊伍每個人都理著平頭，很明顯大家都是為了進軍校來體檢的，我很緊張，深怕有哪個項目無法通過，如果上不了軍校，我到底還能幹什麼？我事先查過體檢的數值標準，因為很努力準備的關係，我很確定每一項應該都能通過。

每個選擇都有其代價

就在當下遇到一個小插曲。在排隊的時候，後方有位同學，我忘記誰先開始搭話，總之我跟家人很驚訝，這人不是為了讀軍校來體檢，是讀了好幾年軍校要辦退校手續才來體檢，我們好奇的問他退校原因，他很嚴肅認真的說，讀軍校最好是你自己真心想讀，真的能接受裡面強硬的制度再考慮，千萬不要被家人逼去讀，他非常後悔，被家人逼來讀軍校，讀得非常痛苦才決定退校，跟家人鬧翻，進去又出來，等於鬧了兩次家庭革命，而且因為有領薪水的關係，退校必須賠款幾十萬，他現在得設法努力還債，實在很慘，但還是覺得退校這個決定非常值得。我跟家人聽完頓時錯愕，也不知道該說什麼，我應該

不算是被逼的吧，我已經做好心理準備要讀軍校了，但也覺得好像沒有太意外，畢竟在網路上爬文時，多少都有看到像這位同學的案例，只不過活生生的出現在我們眼前，直接聽到當事人的說法，感受很強烈，但還是沒有很戲劇化的改變我們的想法，我還是完成所有體檢手續，心情很複雜的回家。

接下來就是等待入學手續，我在日記本也寫好寫滿，要跟軍校長官好好相處，基本上就是低調不惹是生非，乖乖的聽話，我覺得自己一定可以熬過去的，高中三年加上大學四年，我的人生只要忍耐七年，就可以自由做自己想做的事。過了兩個禮拜，終於收到消息，沒想到——我體檢沒過，不符合進軍校的資格！我露出錯愕的表情，實在不敢相信，明明視力、聽力、身高、體重都沒有問題，為什麼還不過？居然是因為我小時候有開過刀，先天性心室中膈缺損問題，好幾年前動完手術，早已經完全康復，還可以坐雲霄飛車，沒想到軍校的審核標準是只要有開過這種大手術就不行。

一條最討厭的疤痕，主宰我的人生

我對這個手術又愛又恨。幼稚園時我最討厭的事情就是上游泳課了，因為我胸口有一條很明顯的手術疤痕，雖然現在已

經比較消褪了，但是小時候剛做完手術時很明顯，同學都會看著我說，你為什麼胸口有一條疤啊，或用異樣的眼光看我，所以我的家人怕我被笑，買了連身的泳衣給我，我更排斥，因為連老師也會笑說：「你是女生喔，為什麼穿連身的泳衣？」但不知道為什麼，我寧願穿連身泳衣被笑，也不要讓別人發現我曾經開過刀，所以就回說，對啊！我家人買錯了啦。但好險，小朋友一旦穿上泳衣、戴上泳帽或泳鏡，你也很難分辨，到底這是男孩還是女孩，所以到後來就釋懷了，一直到上小學，比較有性別認同的年紀後，我才鼓起勇氣穿一般的泳褲，被問起就勇敢承認我開刀過，國中沒有游泳課，所以逃過了歧視，高中大學游泳課有人問起，我都直接跟同學開玩笑說，我以前是流氓喔，胸口被人家砍一刀啦，安抓？想當然，沒人相信，但其實我從小到大非常痛恨我曾經開過刀，新生兒只有 0.001% 的機率會中，我覺得很衰，為什麼這麼多小孩就我最可憐。

好，現在鏡頭帶回我臉上露出錯愕的表情，我不敢相信，明明已經下定決心要讀軍校，卻因為有開過刀斷送了這個機會，不知道為什麼，我心中好像慢慢的放下了一顆大石頭，好像鬆了一口氣，但是我沒有表現出來，家人知道這個消息後，簡單的安慰了我一下，說人生常常就是有這麼多不如意的

事情，要我別放在心上，讀軍校這件事看來是無緣了，你就繼續專心讀書吧，家人關上房門離開，我放空了五分鐘，我的天——我的天——我的天！我慶幸極了！我內心其實一直覺得，如果我有選擇權的話，**我絕對——不去讀軍校**，但家人覺得我太廢要我去讀，我真的無力反駁「我很廢」這個事實，才會妥協同意去考軍校，這可能是我唯一能盡的孝道，而開刀這件事實，好像代替我說服了家人，彷彿我的疤痕自己開口說：「你兒子不該讀軍校！」我的立場很微妙很矛盾，你要我去讀軍校，我很乖很配合我也想去，但現實不允許的時候，我也感覺很無奈啊，為什麼不能去讀軍校，我好難過，但又好爽！就像是哈利波特額頭上的疤痕，雖然讓他成為同儕間嘲笑對象，卻在必要時刻為他擋下了佛地魔的攻擊，我雖然不迷信，但頓時感覺心室中膈缺損就像玉鐲碎、佛珠斷，為我擋下了重要的災難！啊不就好險我還沒理平頭，不然超虧啊！

　　過了那麼多年，我很好奇，當時體檢遇到的那位同學從軍校退校後，現在發展得順不順利？如果他有看到這本書，真希望好好訪問一下。我現在仍然對念軍校有心理陰影，也是因為長大之後聽到朋友分享，朋友的哥哥退伍後仍處中壯年，在軍中沒有機會培養其他專長，這點讓我對從軍依然感到怯步。

回想差點入軍校這段回憶，心情還是很複雜……

{ 你會如何拒絕不喜歡的安排？
人生中有一道最討厭的疤痕嗎？ }

我甚至當過
水電學徒？

　　在現在這個平行時空，我是有考上雄工的，我媽以前也是讀雄工，所以應該有符合她的低標期待吧！高中這三年算是我人生的轉捩點，我高一的時候還是很廢，高二才開始找到目標，這待會兒我會提到，我原本以為讀職校專業科目念起來應該是比較輕鬆，但我錯了，一樣要讀國英數，還要再加上專業科目，所以一樣讀書讀得很痛苦，但我還是很喜歡打電動，因為那是我當時用來舒緩課業壓力的方法。

　　記得高一升高二的暑假，我渾渾噩噩整天在家打瑪奇這款遊戲，當時我房間的冷氣不涼很久了，似乎壞了，於是我媽打電話請她哥也就是我

的大舅來我們家修冷氣，大舅專業在修理水電，所以家裡有東西壞掉都會請他來修，我很感激他把我房間冷氣修好了，想說可以繼續打我的瑪奇，結果我媽突然開口，要我等一下就上舅舅的車，去幫忙一下，我想說真的假的，蠻特別的，我想說好啊，算是體驗一下，在電腦前也坐蠻久了，就當出去踏青，看舅舅平常都怎麼工作的。

走出冷氣房，有什麼吃什麼

我跟著大舅上了他的藍色小貨車，當天盡可能的幫上他的忙，基本上就像手術室的醫生助理一樣，他喊要拿什麼工具，我就幫忙拿給他這樣，烈陽下工作蠻辛苦的，還是在房間吹冷氣打電動比較舒服，但大舅人挺好的，要吃午餐還會開玩笑說：「你是要吃泰式、日式、韓式還是什麼式？」我當然不是難搞的人啊，也聽得出大舅是在試探我是不是很挑嘴，我就回答什麼都可以吃，最後當然是去吃簡單的自助餐。

辛苦了一整天，結束實習回到家，我媽問我今天過得怎麼樣，我說：「喔，沒有怎麼樣啊，蠻累的。」「那你明天早上六點起來，繼續過去幫忙喔！」我愣了五分鐘：「什麼！為什麼？你是要我去當他的員工嗎？哈哈……」我當我媽在開玩笑，所以

我也這樣開了玩笑回去,「對,你去舅舅那邊好好學(我嘴角逐漸母湯)……你吃過了嗎?要不要再弄點東西給你吃?你明天就騎我們家那台舊腳踏車去就行……」我腦袋持續放空,後面我媽在講什麼我完全聽不見了。

早上六點,我媽大聲叫我起床,我還在賴床,被捏腳趾直接痛到坐起來,昨天那番對話真的不是在作夢,我一邊懷疑自己一邊騎腳踏車出門,外面天色還是暗的欸,後來才知道為什麼要六點起床了,因為大舅的工作室距離我家差不多六公里,騎腳踏車過去已經快七點,大舅的工作室布滿五金材料螺絲銅鐵,原本的空間很大,但東西多到只剩一條走道,吃完早餐後,我們就出門工作。

學校沒有教你這些嗎?

整個暑假我看見形形色色的人,有做貨船零件的危險施工場所,或突然有工廠的車床故障要我們去修,也有做痠痛貼布的加工廠的流水線機台故障,也有到別人家裡修冷氣,通常一天會跑五到七個地方,我算一算大舅一個月營業額兩三百萬跑不掉,感覺這個水電事業還蠻賺的,很酷,但很明顯我做不來,沒能幫上什麼忙,主要維修知識我不懂,只能幫忙拿工

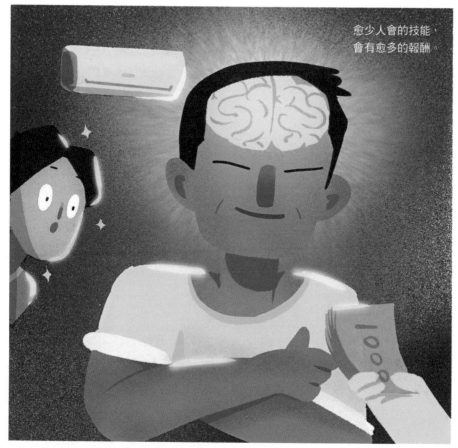

愈少人會的技能，
會有愈多的報酬。

具、搬重物，頂多用三用電表測電壓而已，大舅常嗆我，你不是讀雄工的嗎？學校沒有教這些嗎？我都尷尬的說，我是讀圖傳科不是電機科啦！

當然我也有想要嘗試學學看，就問舅舅是否有書籍可以讓我學習，大舅放了幾本書在桌上，超厚，我翻了一下，哇！好多數學公式，一堆科學原理，看懂這些大概要好幾年時間吧，我自己也很怕危險，超怕被機器電到，我親眼看到大舅被電到好幾次，所以這真是一個值得敬佩的工作。

跟著大舅工作的這段經歷，我意識到人如果有一技之長，而且這個專長愈厲害愈少人會，那就會賺得愈多，當然也會有不為人知的辛苦和代價，所以我當了一整個暑假的水電學徒，我沒有出師，但我立下目標，我也想要有個一技之長來賺大錢，但不是水電，是別的方向。

整個暑假都在學做水電，結果未來人生方向不是水電，你會覺得我很浪費時間嗎？當下的確會，而且我一直在心中抱怨，但是很久以後回顧這段日子其實不會，透過這次經驗我悟出了不少道理，我產生了強烈想找到專長的慾望，很慶幸自己有這一段酷經歷。

> 愈少人會的專長愈吃香
> 找找看你有興趣且與眾不同的專長

在餐廳
端盤子端到
心情差
的故事

　　升上高二後我還有進行各種嘗試，比如說玩特效，然後參加各種比賽，為了讓更多人看到我的作品，經營部落格寫教學，嘗試開發 APP，出 Line 貼圖，但技術也沒有到很純熟，也還沒有靠拍影片賺到多少錢。高中時期因為很迷五月天的關係，也想要組個樂團，但沒想到樂器跟音箱都超貴的，所以高二升高三的暑假，我為了買一台 6,000 元的音箱去打工。

　　我是在一間高級素食餐廳打工，裡面是真的金碧輝煌的那種高級，有些吃素的新人也會選在

那邊辦婚禮，我是 Part Time 兼職，簡稱 PT，就是不用每天去，主管有需要才會請你過去，但是一個禮拜我還是去四、五天，但是這個錢好難賺，一整天忙下來可能才賺 500 到 800 元，但我想可貴的大概還是經歷吧。

一開始的工作是打掃，就是要拖地擦窗戶，然後又緊急被主管要求到某個儲藏室整理碗筷，我心想天啊，我手都還沒洗欸，我之後去餐廳吃飯一定要用衛生紙擦拭碗筷，也遇過旁邊的同事示範如何躲在監視器外偷吃東西，也遇過某個大公司辦春酒，為了其中一個人吃素，我們整個團隊到現場做了一人份素食料理，了解到素食料理會用香菇做假的肉塊，會用果凍做假的生魚片。

而讓我印象最深刻的有兩件事情，第一件事情是有一次出勤時，我坐在副駕，司機是主廚，他在車上一直不斷苦口婆心的勸我不要再做 PT，說做這個沒有前途，收入不穩定，薪水也就這樣不會再漲了，我覺得他講得很有道理。第二件事情是，中午休息時，我想跟一樣是 PT 的同事聊個天，我打開手機秀一下我之前做過的網站、APP、影片，原本期待他至少會說個「酷」什麼之類的，敷衍我也好，結果他只說了一句：「你怎麼那麼閒啊！」而且是用很瞧不起的眼神跟口氣在說。

就因為他這麼一句話，我頓時明白我們完全不是同一個世界的人，生長的環境背景思維差太多了，也突然覺得我不應該在這個環境下繼續工作了，因為你可能自己想要積極向上，別人會害怕你成就比他高而阻止你往上飛，或者你會因為身邊環境的人很怠惰，你就會近墨者黑跟著受到影響，這次打工讓我意識到，**環境非常重要**，一定要努力考到好學校，讀一所裡面同學都是以成為人生勝利組為目標的學校。

{ 自己是容易受別人和環境影響的人嗎？
什麼環境可能讓自己成為人生勝利組？ }

沒有方向
是絕對正確的，
但**止步不前**
絕對是錯誤的

　　世界上沒有白走的路，也沒有正確該走的路，再蠢的經驗只要在你身上發生，你都能一口一口吃下，變成你未來的養分，那經驗到底有多重要？我舉些例子跟你說，接下來你會發現，可以讓人生遊玩紀錄，成為你最強的超能力。

　　先等等，不是叫你跑去瘋狂打電動，我只是想用遊戲來舉例，像有一些比較大型的遊戲，都有類似成就紀錄的設計，比如你餵了一隻野貓，發現了隱藏地下城，或遇到了什麼怪，偶爾會驚喜的跟你說，你已解鎖了新成就，可能好一點

再給你個徽章或分數，但徽章跟分數可以幹麼？他們一點用途也沒有，這僅僅是遊玩紀錄的功能，你角色素質不會因此變得更強，但是你經歷過，大腦已經有印象了，下次更知道怎麼馴服野貓，能更快探測到地下城，遇到同一隻怪，你會換一種打法，讓自己生存率變高，有的玩家公會可能還會依照成就分數篩選掉新手玩家，長久下來你可以**細細回味你經歷過的所有點滴，不管是好的、壞的經歷，都會幻化成你的隱藏利器。**

不管在什麼樣的世界觀裡，**「智慧」、「經驗」**永遠是**最強的超能力**，如果你有看過一些超能力影集或動漫，會發現手掌會噴出火焰、嘴巴會噴出寒冰或跳起來可以直接飛天的角色，每個看起來都已經很強了，那合理推斷，他們團隊領導者，或幕後首腦的能力一定是如外掛般的存在，可能他的能力是可以摧毀一座城市，或直接引發世界末日，但眼看劇情推展終於到了領導者登場，卻發現他是被推著輪椅出來，不是全身殘障就是年紀破百的老人，欸欸但人不可貌相，說不定這個老頭子很強啊，結果，超能力只是「智慧」，你會發現周遭的其他超能力者看到他出現，還會一個一個對他磕頭跪下，可能還會說：「敬愛的大賢者！我們在此聽候您的差遣。」以前小時候還不懂原因，覺得不合理，莫名其妙，但長大後就愈來愈覺得有道理。

像這種「大賢者」的角色，其實就跟遊戲攻略一樣，你玩家能力技術再強，有什麼高傷害的技能都還好，高傷害當然打怪會比較順利，但想像一下，當大家今天在地下城走到叉路，而身為隊長的你不知道眼前的路，是充滿妖怪的死路，還是通往自由的出口，你完全只能憑運氣，你等於有二分之一的機率會讓團隊全軍覆沒，大家的生死都掌握在你的手裡，而當你有位大賢者能直接問出答案，你可能甚至一隻怪都不用打，就可以直接輕鬆通關，在這種情況下，「智慧」明顯就勝過其他類型的超能力，而且大家都會崇拜他，甚至願意犧牲自己的生命來保護他。

要如何成為大賢者呢？

首先，**冤枉路是一定要走過的**，大賢者一定是在他年輕的時候，也曾勇闖過同一個地下城，當時這地下城是一個非常知名，在村落裡人人畏懼，聞之色變，存活率只有 1% 的副本，沒有人敢隻身前往，而當時的大賢者還是個新手，武器就只是剛剛在路上隨手撿來的樹枝而已，面向洞口，吞了一口水，緩緩走進未知的洞穴裡，當然，路途很險峻，漆黑又濕黏，每一條路都不知道未來結果是什麼，他只好一條一條路去嘗試，最後

有過經驗，
能讓你少走冤枉路。

搞得全身傷痕累累的，終於找到出口，他拚了命勇闖地下城得到寶貴情報，可以選擇要分享給家人，讓他們都能得到保護，或者保守祕密不讓競爭者或敵人知道。

　　總之，**沒有什麼人生方向是正確或錯誤的，止步不前才是錯誤的，每一條路到最後都有交叉相會的可能性，你可能有機會讓多種能力互相拼湊結合，或者是有更好的判斷能力，所以你有什麼想做，想嘗試的事情就都去試試看，失敗也沒關係，至少你體驗過**。推薦你看一部電影叫做《貧民百萬富翁》，劇情大綱是在講主角來自貧民窟，參加了電視答題節目，因為一直答對題目，即將到最後一題時，被警察關切審問是不是作弊，但是他是真的親身經歷過那些問題，所以他答得出來，最後窮小子順利抱走了超級大獎。你永遠都不知道你經歷過的事情，什麼時候會派上用場，有趣的是，你最後會慶幸你曾經經歷過這些。

不必止步不前，每條路都有交匯的可能
親身經歷過的事情，將來都會派上用場

Chapter 3

負面阻力
化為自主學習的
超強原動力

缺資源、沒天資都擋不了你
有備而來的 B 計畫
讓你變 A 咖

追夢特效藥
3

神人進化論：學而優則教

愛現和分享就是自主學習最強大的動力
求知若渴讓別人看不到你的車尾燈

有什麼資源
我可以利用？

我讀國中的時候就開始對影片剪輯有興趣，大家都知道，這是男生一輩子最中二、最屁孩的時期，我們常常在走廊玩鬼抓人，總是撞到人或講一些屁話，那時正好開始流行智慧型手機，原本大家手上都拿智障型手機像 3310 那種，一旦拿到有觸控螢幕可以下載 APP 的智慧型手機，就好像得到了寶物一般。由於智慧型手機可以錄影，我們就把同學間嬉戲打鬧的過程錄下來，我還沒有那麼好的手機，就突發奇想跟拍影片的同學要來影片檔案，想回家練習剪剪看，當時我是用威力導演在剪影片，這個軟體很簡單易懂，不用看書或教學，光靠自己就能摸會。

所以我就嘗試重新剪輯影片再加上字幕，在剪的過程蠻開心的，因為看到自己班上的同學被我重新二次創作（沒有惡意的那種），剪完之後就上傳到班上的臉書社團，發現同學看了都哈哈大笑，我平常在班上蠻邊緣的，這之後，同學開始找我討論影片的內容，下課時也會來跟我提議，要不要再拍下一支影片，我瞬間跟同學們熱絡了起來，開始變得有自信，而且當時班上有一個表演慾很強的鄭同學，幾支影片的主角都是他，我跟他提議要不要一起創造一個「頻道」，當時我們的概念不是 YouTube 的頻道，而是**電視台**的「頻道」，他當主持人，我當幕後的製作人，就這樣我們接連拍攝了好幾支影片，影片開頭都是鄭同學講說：「歡迎收看鄭 ×× 頻道……」。

　　當時大多是我硬拖著鄭同學來拍片，他到後來愈來愈倦怠，還會跟其他同學講說：「欸！你不覺得我像明星，然後陸子淵很像我的經紀人嗎？常催促我快點拍新片。」現在回想起來，當然是很想扁他，但我當時聽了覺得蠻酷的，我被稱做是經紀人，覺得很像有個重大的使命，就開始思考，如何讓自己變成一個更稱職的經紀人，所以我設法弄了一個鄭 ×× 頻道的官方網站，雖然只是很陽春的套版部落格，不是寫程式架設的那種，但是對國中生來說已經很酷很夠用了，我還創立他的

YouTube 頻道，成立粉絲專頁。他很驚豔，我居然什麼都弄起來了。

我原本什麼都不會，完全靠「Google 搜尋」就完成這些，不了解什麼，就搜尋什麼。有沒有看過一部卡通叫《膽小狗英雄》？小狗英雄在面臨到困難，或是難題無解時他會去尋求電腦的幫助，你看連狗都知道要去查電腦了。我可以保證，以現在的資源環境下，**不管你想學任何東西都可以靠「Google 搜尋」自學**，包括我懂的這些特效其實也是。

好強的製作人被逼上 AE 自學之路

後來他也到處炫耀我們的成果，很快就有一些別班同學眼紅的說：「阿不就只是上上字幕，剪剪影片而已嗎？這種程度我有軟體我也會啊！」這些話聽起來格外刺耳，好像我一直以來的各種努力都被否定了，剛好我是屬於愈戰愈強的個性，我希望可以證明自己的實力，去打臉那些瞧不起我的同學。

於是一放學就立刻飛奔到電腦桌前打開 Google 搜尋網頁，心想比影片剪輯更難的，應該就是影片特效了吧，我立刻搜尋「影片特效」這個關鍵字，但是在當時 2011 年的搜尋結果都是全英文的，意思是當時還沒有任何人在網路上貢獻關於特效

的中文教學，我心想，哼，沒有教學也沒關係，我威力導演也是無師自通，只要找到大家主流在使用的特效軟體，我摸一摸應該就能學會了吧，於是我就查到一個軟體名稱，叫做 Adobe After Effects，立即載下來安裝，結果不得了，一打開發現都是全英文的介面，完全看不懂，連個剪輯軟體該有的播放按鈕都沒看到，我當下嚇得馬上把軟體關起來。

心裡掙扎了非常久，耳內還彷彿聽得到，嘲笑我的人的聲音，我當下心態立轉，一定有很多人跟我一樣，想要學影片特效，就在這個時候放棄了，如果我現在跨出這一步，想辦法學會，我是不是就可以贏過很多人？就這樣我讓自己下定決心，一定至少要摸會他的基礎操作。

菜鳥如何在全英文的環境下學習呢？

當時其實已經有國外的大神錄製教學影片，只不過都是說英文，而且都是專業術語，我完全聽不懂。我先看大神展示即將要做的效果，至少了解到我將學會什麼效果，然後我就觀察他滑鼠移到哪裡，馬上按暫停，切到我的軟體畫面，把我的滑鼠跟著移到那裡，就這樣來回切換，好險是影片，可以有畫面對照製作過程，而且影片可以隨時暫停或回放。

大神按了很多英文專業單字術語，我都不理解，由於我的目標是學會做出效果就好，所以我只是先死記英文單字的形狀，比如說「Composition（合成組）」，我當時的記法是，喔這是一個 C 開頭很長的單字，然後在軟體介面的哪個位置，很快的，我慢慢熟悉了這套軟體，**我用我自己的方式去理解他，雖然學得不太正規，但其實這樣也無妨，因為有一天你會真正理解原理，「恍然大悟」反而讓你印象更深刻**，所以我在國中的時候就學會了 AE 的基礎操作。

　　但是我學會了也沒有發揮的空間，因為鄭同學愈來愈沒有心力在這件事上面，我自己也沒有自信上鏡頭，所以就放掉這個頻道，畢業幾年後的同學會，我跟鄭同學聊到當時我們有創頻道這件事，我們還笑著說：「欸，當時我們真的走在很前面欸，如果當時有堅持下去的話，說不定我們已經超越『這群人』跟『蔡阿嘎』了！」這當然是玩笑話，但是當初如果真的持續拍攝影片累積下來，一定會有不錯的成績，不過開同學會時我已經在經營六指淵頻道，大約有五、六萬的訂閱數，心想好險我後來有自己跳出來做。

　　以上是關於我自學 AE 的部分，除此之外，還有其他資源嗎？有，就是──學校老師。如果是國中或是國小的老師，你

不用覺得害羞，直接跟老師分享你的興趣，你可能問的是音樂，是畫畫，雖然老師不一定有這部分教學專業，卻可以跟你聊聊學習的管道與資源，實際上真正要學習時還是要靠你自己。

不要覺得老師就只能問課業上的問題，因為你想要自學，大多數老師也都有自學的能力，有的人可能會覺得國文老師好像只能問他國文，英文老師只能問他英文，自己給老師貼了標籤，但說句公道話，每個老師其實都是學霸，才能考進這間學校當老師的，不可能只會某個科目某個領域就考進來，所以學校裡這麼多的學霸，**每個人都有自己獨特的一套自學方法**，當然也可能遇到問完叫你先好好讀書就好的老師，所以你可以多問幾位不同的老師，最後找到屬於你自己的答案，當然也**請儘量把你的書讀好，讓大家能夠放心，希望大家看到的是你正在「多元學習」，而不是逃避學習。**

什麼？六指淵好無聊！我還以為這本書可以看到更多特效相關的酷酷故事，結果只是叫我回去讀我不喜歡的書，到底為什麼大家都要我讀書？你是不是心裡正在這樣想⋯⋯

{ 沒有自信也能跨出關鍵的第一步
每個人都有自己獨特的自學方法 }

人到底為什麼要讀書？考試？升學？

　　我覺得同學讀書前，要先摸索出這些問題的答案，再來讀書會比較合適，不然你永遠會覺得讀書是沒有意義的。

　　大部分的同學都是為了考試而讀書，但如果不考試，你是不是就不讀了？希望大家可以隨時在心中思考一下：人為什麼要讀書？要考試？要升學？我可以跟大家分享一下我個人的觀點，我認為：

1. 讀書，是為了讓我們擁有做選擇的條件，且擁有立足社會的基礎知識。

2. 考試，是為了驗證你知識的水平，和平常

努力的成果。

3. 升學，是為了讓知識水平相同的人聚在一起，爭取更高學習權益的方法。

4. 我們最終的目標，是盡可能跟比我們還厲害的人在一起。

不讀書、書讀不好究竟會怎樣？

有些人特別喜歡拿微軟創辦人比爾・蓋茲和蘋果創辦人史帝夫・賈伯斯舉例，兩人都大學輟學，照樣很成功，然後就塑造出一種「學歷真的不重要」的想法，大家居然也認同這種比中頭獎機率還低的例子，所以我覺得這樣的講法很不負責任，只講對一半，我個人的觀點，不讀書會造成的影響就是，你原本花 100% 的心力在讀書上，如果砍半或捨棄的話，你必須要花300%、甚至 1000% 的力氣在其他方面，才能證明你這個人是頂尖玩家，就算不讀書、不考試，人生一樣會飛黃騰達，你辦得到嗎？

大家總是看到成功偉人光鮮亮麗的一面，都沒想到這一切都需要相對應的代價，那我來為大家簡單分析一下，**輕視學歷的代價可能是什麼？我覺得最重要的是會斷送你的「選擇權」**，以賈伯斯為例，他輟學就等於捨棄到大公司上班的這個可能

性，當然也有不看學歷的公司，但至少刷掉一半吧，他基本上只能創業當老闆，只能賭下去自己拚了，要靠自己的商業頭腦、企管能力或產品設計的能力來補足他學歷中輟的不足，這**種沒有底牌，沒有 B 計畫，沒有後路的做法，好險是成功了，如果失敗了，就要花更多力氣重新站起來，所以世界上沒有輕鬆的方式**，我希望大家可以參考這個觀點，如果你不讀書不升學，不是不行，但希望你是已經掌握人生成功的其他選項，**如果你目前對人生、未來毫無想法，可以先把 100% 心力放在讀書上，讓你在探索出專長之前，保留住人生的「選擇權」**，而分數考高考低，則是讓你在升學方面比別人多一點「選擇權」，讓你有機會跟實力相當的同學聚在一起相互學習。喔對了，比爾・蓋茲和史帝夫・賈伯斯當初可是考上了哈佛大學和里德學院才輟學的唷。

大家一直聽到我講「選擇權」、「選擇權」，到底「選擇權」有多重要？例如在愛情的世界裡，最好是能夠當被告白的那個，因為你可以選擇你到底要不要跟對方在一起，告白的那個人只能等待答案，就像是任人宰割的羔羊，運氣好就在一起，但運氣不好被拒絕，就會非常挫折，開始討厭女生，永遠不相信愛情，**如果告白的人也有「選擇權」，就會在告白某個人之前**

先準備好 B 方案，當你有被拒絕也沒有差的選項時，你心裡就比較不會受傷。

{ 準備好 B 計畫更不怕跌倒
有什麼事情比學歷更重要？ }

求職時
學歷其實還是
蠻重要的

可能是我讀設計系的關係，可以用接案的方式賺錢，用作品說話，讓我一直以來都有個想法——學歷好像不太重要。但自從我創業之後，我要改變這個說法，應該說，**如果你要自己創業，那學歷不重要，因為沒有人會在意老闆的學歷，但如果你要求職的話，學歷還蠻重要的。**

寫書的時候剛好公司在徵才，除了有主動來信求職的，我也會直接在人力網站上面找人才。我發現因為自己時間不多，沒有時間看完每個作品，我會直接先把國立學校畢業的人篩選出來看，因為這樣至少刷掉一半，如果這一半我挑不

到好作品，才再繼續往私立學校看，如果在國立學校就找到厲害的人，那麼我將會得到高學歷又技術優秀的人才。

我不是對私立學校有偏見，我一樣是看作品說話，但如果你是老闆，同時收到實力相當的作品，會的東西都一樣，就只差在學歷，你當然會挑其中學歷比較好的人才。為什麼？因為這個人聘進公司後成功的概率比較高，首先，1. 這個人能上國立學校推論他對於基本學科是聰明的，他算術好，懂得引經據典，英文也不錯，可能比較有上進心。2. 推論某些部分自律要求比較高，理解能力可能比較好，遲到狀況可能比較低，也因為要求自己讀國立，代表這個人對自己公司品牌也會比較看重，有底氣，出事比較願意承擔。

學歷到底重不重要，就問問你讀日校跟夜校有沒有差別，如果你是老闆，你是否會推論兩個求職者能力上有些差異，有沒有可能是自我要求，有沒有可能是責任感，有沒有可能是面對事情的成熟度，學歷假設不會讓薪水變比較高，那老闆既然都要花一樣的錢，在有限的時間內，想要避免踩雷，或公司容錯率低的狀況下，沒道理不優先聘用學歷比較高的人。試想如果請到一個技術很厲害，但問他商用英文他什麼都不懂，數學會算錯，國字常拼錯，導致交給客戶的品質，或生產出來的產

品有誤，甚至出包面臨法律責任，任何老闆都會心驚膽戰的，我也知道學歷可能看不出人的品格或做事態度，但他就是一個求職小光環與利器，能夠讓人有更高的優先權與選擇權，所以我希望你們未來都有主導選擇的權利，而不是只剩下被選擇的權利。

想像一下，你今天要買一個產品，你看到兩款規格完全一樣的，價格也一樣，就差在品牌，一個是雜牌，一個是知名大品牌，你會不會選擇大品牌？至少買到瑕疵品的機率比較低一點吧？大品牌在市面上有基礎的公信力對吧？那你怎麼就不說你對雜牌也有偏見？的確雜牌也有可能產品品質是很好的，但身為消費者（老闆）在時間與預算有限的狀況，當然會想要避免踩雷，優先選成功概率比較高的選項。

{ 老闆希望求職人才有什麼強項？
創業容易？還是強化學歷容易？ }

如何找到
堅持下去
的動力？

在學習特效這個新興趣的時候我有三大動力，不是一瞬間就同時擁有三個，而是慢慢歷練出來的，前兩個還蠻負面的，但是負面所產生的動力反而更超群，我想分享給大家知道，因為說不定其中一個也可能變成你的動力。

怕被看不起的動力

首先第一個是「不想被長輩看不起」。每逢過年的時候，我最開心的就是可以去找親戚小孩玩，因為我自己是獨生子很孤單，我弟大概在我十二歲的時候才出生，所以我每次都很期待有

機會過年團聚，但是每次都會有家長們的互相比較時間，就是可能親戚家的小孩在學校成績都很好，讀了師大或是台大，之後可能會選擇去當老師之類的，然後也補了很多才藝班，多才多藝這樣，那我家人這邊就會顯得比較抬不起頭，因為我功課差，也沒有可以值得說嘴的長才，的確學了好幾年的小提琴，但是當時就會被說學音樂很難當飯吃，不是能賺錢的才藝。

一般人可能會擺爛，覺得別人說閒話就任他去說，可是我不一樣，我因為好勝心很強，當然忍不下這口氣，所以當我自己發現我有特效這個長才，我就努力讓我有辦法靠這個興趣出人頭地，賺大錢，讓我的成就變成親戚間最屌的那個，讓我家人母湯的嘴角逐漸上揚。而我也發現，也有不容易的地方，我原本可能只要花 100% 的心力在讀書上，我現在變成要在興趣上花 1000% 或 3000% 這種投入程度，才有辦法證明自己書讀不好也沒差，原本我可能沒有這個動力，但有了這個想證明自己的心情，我就像火箭一樣勢不可擋，當時我為了快速取得成果，會直接聯想到參賽，因為有獎金，雖然台灣的小型比賽多半都很黑心，很多都是內定的，所以我當時策略是廣撒，報名參加一堆比賽，抱著參加二十個可能會有一個得獎的心情去參賽。

有時候已經不知道要拍什麼影片了，我就會看看有沒有新

的比賽主題，去特別拍一個，比如說反毒影片比賽，或性別平等教育比賽，這種議題每年都會有，現在可能還會多一個網路安全主題吧，總之就有一點像比賽丟一個球給你，你接起來去發揮，你就一直都會有可以努力的目標，相信你走到我這個階段，就會覺得有比打電動還重要的事可做了，起初換算下來是很花時間的，因為你可能拍了二、三十個作品，才一個得名，但其實比過幾個比賽之後，你就會發現，你的作品正在高速大量累積中，你會發現你有了所謂的「作品集」，這在未來做學習歷程或就業求職時都很有幫助，因為你能讓面試官知道你的實力，像擁有一個菜單般，讓客戶知道他能夠點哪道菜，你能夠提供哪些服務，當初在做備審資料（新名：學習歷程）的時候，我光是看到同學對於我有海量的作品感到不可思議，我就超風光有自信。

被發好人卡的動力超強大

我人生中第二個動力是「被發好人卡」。這個動力來源很危險，因為如果一個不小心，心靈打擊會很大，但這是我目前為止讓我學習效率提升最高，動力最高的一個來源，我也不怕說給大家聽，因為現在的我變得更好了。

我以前高中的時候很喜歡學校的一個女同學，不是同班，是別班別屆的，我覺得她長得超可愛，每天看到她都覺得好開心，好像什麼煩惱都忘掉了，我原本很沉迷電動，但是當時變成是迷上她，每次在走廊上遇到，她看到我都是笑著跟我打招呼，我直接暈船，我跟她講話也顯得很緊張，每天我的心思都在她身上（其實這段期間甚至迷戀到忘了打電動），然後有一天我終於鼓起勇氣，跟她告白。

　　結果呢？結果……直接被拒絕了，晴天霹靂，我好難過，我當天完全吃不下飯，晚上睡不著，躲在棉被裡哭，每天都好難過，大概難過了好幾個禮拜，才慢慢體會，原來時間真的會沖淡一切，等到我心情稍微平復了以後，我開始重新審視我被拒絕的原因，是我長得不夠好看嗎？可是這個是天生的，我改變不了。是因為我不是富二代嗎？學生哪會想這個，而且如果是因為這個理由被拒絕，那代表對方很拜金。那是我能力太差嗎？有可能，因為我當時書也讀不好，也還沒有任何可以說嘴的長才，只會拍拍影片參加比賽，但也沒有到很厲害，於是我當下，下定決心，我一定要讓她看到我更強的樣子，讓她對我有興趣，重新愛上我。

　　但我每天還是好想她喔，好想再次跟她講話，好想再次看

到她對我笑的樣子，整個腦子裡都還是她，於是我就開始埋頭練習特效，希望能讓她看到我變成特效大師，因此崇拜我。因為單戀太痛苦，希望能透過認真學特效，忘記去想她，聽起來很矛盾吧，不想放棄她又想忘記她，主要是因為光是想她，就已經讓我沒辦法好好吃飯、好好生活了，我覺得再這樣下去不行，我不得不趕快找一件事情轉移我的注意力，那轉移注意力的東西有什麼呢？不會是讀書，因為我不喜歡讀書，讀書本來就已經很容易分心了；也不會是打電動，因為女生不會喜歡一個只會打電動的男生；所以剩下的就是我的興趣──「特效」了，但當時我只會剪輯影片，我是幾乎什麼特效都不會的白紙，於是我先專研兩個小時的特效，沒有什麼成果，想說休息一下，結果發現我還在想她，於是我再繼續練特效，練完發現還在想她，於是我再繼續練，結果我練了一整個晚上的特效，我學會了如何做出超人飛天，輾碎地板的特效。

第二天去學校，我還是好想她，但我多了一件事情可以做，就去學校分享我昨天晚上做的超人特效，同學都覺得很驚豔，同班女同學們也很佩服我，我就覺得，這樣下去遲早會變成萬人迷啊！所以為了讓更多人覺得我很厲害，讓更多人喜歡我，於是我更努力專研特效，遲早會輪到她喜歡我吧！那陣

子放學後第一件事，就是馬上衝到電腦桌前，把國外的教學網站打開，不會的英文就查，學會的就記下來，也會偶爾休息一下，但休息時發現還是很想她，就再繼續專心研究。總之，想盡辦法轉移自己的注意力。

其實那段時間我做完的成品還是會 Line 給她，但我也發現，自從告白過後，氣氛就尷尬許多，她回訊息字數愈打愈少，也沒對我的作品有太多反應，不管我再怎麼說笑話，吸引她的注意，她回覆反而愈來愈精簡，愈來愈常說她要去洗澡了，愈來愈已讀不回，可能她怕我有過多的聯想吧，她當時也被很多男生追，所以我蠻焦慮的，但又不能做什麼，我也不好一直傳訊息給她，畢竟都被拒絕過了，就這樣我每天去學校八小時，回家又練習特效八小時，然後睡眠八小時，日復一日，我愈是想她，我特效就學得愈認真，結果學習效率超高，一年過去了，也代表我花了 2,000 多小時在學習特效，我還是沒忘記她，但我累積上百支特效作品，實力變超強，幾乎什麼特效都會做了。

朋友都跟我說，天涯何處無芳草，要我死心，還有很多女孩子等著我，但要知道，我讀的是雄工，是一個男女 9：1 的學校，放眼望去，都是男的。所以一直到畢業前我都很努力在學

我圈粉了全世界，
卻圈不了一個她。

特效，我參加很多比賽，拿了很多獎項，影片在網路上被很多人轉發，被好多新聞媒體報導，好多人私訊要拜我為師，想來我的團隊跟我做特效，我做出那麼多成績，她也都沒有主動回來找我，**「我圈粉了全世界，卻圈不了一個她」**，但是我覺得人生突然有更遠大的目標與志向了，我雖然忘不了她，但我已經放下她了，她就是成為往後我回首人生的一個回憶，而我現在就是用我學好的技術，讓我成為更好版本的自己。

及格邊緣人的救命繩

接著下一個動力是「備審資料 （新名：學習歷程）」。備審資料是高中升大學時一種書審的入學管道，就是如果你平常國英數讀不好，或者是讀很好，想要多一個「選擇權」，那備審資料就像履歷一樣，只不過厚成一本書，讓你可以把你的才藝、證照、比賽經歷寫好寫滿，讓你有機會讓大學看到你讀書以外的長才，而當初備審資料對我來說，是我在掉下懸崖前幸運勾住的救命繩索，因為我高中的在校成績都在及格邊緣而已。

因為我的成績真的很差，當時不管是老師或是家人都希望我能夠讀國立的學校，其中一個原因是學費比私立的便宜很多，而且又因為錄取的分數門檻高，進去國立的學校比較有機

會認識到一群厲害的同學。所以考試或各種入學方式的機制，都是為了能夠讓實力相當的人聚在一塊，**我希望自己未來能夠變強，所以我當然要想盡辦法跟厲害的人相處在一起**，我知道私立也有很優秀的大學，但我家沒那麼有錢好嗎，所以我想盡辦法也要考到厲害的國立學校，而且不是國立而已，是要好的國立。我當時心目中的排序是這樣的：好的國立 > 好的私立 > 爛的國立 > 爛的私立。

所以我對私立學校也沒有到多抗拒，只不過我不希望未來學貸壓力會很重而已，而我當時模擬考的分數大概只能勉強上爛的國立，我很難過，所以當我知道有這種多元入學管道的時候，你絕對難以想像我有多興奮，我看了一下各校透過備審資料錄取的名額，我夢想中的那幾間，名額都只有開出不到五位，因為當時這個管道算蠻新的，他不是主要的管道，所以透過備審資料入好學校的機會非常小。

請注意，我是說「機會」非常小，不是「機率」，一個是靠實力，一個是靠運氣，大學教授可不是用抽獎的方式在選備審資料的，是確確實實的認可你的能力才讓你進去讀，所以我當時就在想，如何贏過全台所有高中高職的學生，那肯定是我的作品要比別人多又好，所以我就是先把備審資料的目錄打好，

雖然裡面都還沒有內容，但有目錄之後其實就像填空題了，就像我在寫這本書時一樣，一開始覺得出一本書很難，但是寫好目錄之後，一個一個補充內容進去，就默默的把書寫好了，所以當時我嘗試把我現有的作品放進去，放完後，隨即發現我的作品量太少了，而且只有一兩件優秀的作品搬得上檯面，所以當時我就臨時抱佛腳，瘋狂參加比賽，累積參賽案例與作品，就這樣，隨著我比賽愈比愈多，我繼續把新作品陸續放進去，我會開始為了想要衝備審資料的作品量，瘋狂拍片，因為**我的動力來源是，我相信只要我夠努力，肯定不會有人比我還拚，**我發揮人體極限瘋狂產出作品，每個人一天就是 24 小時，扣掉睡覺跟去學校的時間，我都在規劃如何產出新作品，就為了讓備審資料的比賽經歷夠豐富，作品量更多更優秀，也為了讓能贏過我的人愈來愈少，所以這是我當下勢不可擋的動力，我也因此上了設計系的前幾志願——國立雲林科技大學數位媒體設計系，我事後看錄取名額居然只有兩位，真是太驚險了，學校老師跟家人知道消息後當然也是普天同慶，現在如果要我講心得或是人生重來，重做作品集的話，我會說時間太少了，即便我已經提早準備，從高二就開始籌備，我覺得最後產出的作品數量與成果品質還有很大的改善空間，我發現很多人甚至是

到高三統測完才來準備，相信我，那完全來不及，你可能會認為你做完了，但那種程度是上不了好學校的，**如果讓我重來一次，我會從高一開始規劃我的備審資料，這樣我就有三年的時間，可以好好地為了備審資料去提前做準備，甚至也比較能兼顧課業。**

　　這個當初讓我如此珍惜的入學管道，現在教育部開放讓大家都能運用了，新名稱叫做：**學習歷程，讓同學在每學期都可以透過一個網頁上傳自己每段時間學習的數位歷程，**我也是近幾年看到新聞才知道，有很多高中生，表示他不知道為何要做學習歷程，覺得學習歷程很花時間，表示自己在高一的時候還不知道自己的人生方向，然後還連署了八千多人，希望能夠廢除學習歷程，我聽完感到非常的遺憾，很多人都希望統測結束完才來準備，但真的來不及，相信我，你高一就要開始準備了，也想告訴那些想努力的同學，你的機會來了，因為有個客觀的數據告訴你有多少人放棄這種升學管道，我爬了一下新聞，每年高中職升學的人數大概是十五萬人左右，你原本要跟這十五萬人競爭，沒想到直接刷掉八千多個競爭對手，這是一件值得竊笑的事情，**我這本書沒有打算要救已經放棄的人，我想救的是陷入低潮但想要努力的人，也就是你，我想把資源花**

在對的人身上。

　　我認為教育部可以做得更好的地方，就是如果有新制度想嘗試，應該要先小範圍試辦，反應不錯就保留，反應不好就停掉，因為制度會被抱怨的原因，就是人們都不習慣變動，大家面對改變多少都有未知與害怕感，更何況教育部還主動說要幫忙保管學生三年的檔案，如果一有個閃失資料遺失，這是自討苦吃，做得好沒人稱讚，做得不好被抱怨到谷底。然後也建議各大學開放更多學習歷程的名額，讓有明確人生目標的同學，更有機會透過這個管道進入理想的學校，而不是單靠成績去判斷一切。

　　現在教育部要求的學習歷程已經用數位化的方式取代我當年的備審資料，這可以讓家境清寒的同學省下不少錢，以前我們做備審資料都要確實到印刷店把他印刷成冊，當時每人可以投五間學校，用心一點，你每間都要客製化製作，再考量到評審至少三位再加上我的作品多為影片，每間學校都要各燒一份光碟，光碟上的封面也都客製化，所以總共需要十五本書，五張光碟，而我很重視紙張實際觸摸手感以及手翻閱讀的感覺，我優化改良重印了大概五個版本，再加上郵寄包裹，到最後花了一萬七千元，印刷店老闆一定很開心，我把我的零用錢都花

完了，我媽知道我花了這筆錢她還笑稱，還真的是多「元」入學。

所以相信數位化可以讓學生省下很多錢，大家可以平起平坐專心在內容的部分。但資料數位化之後也有可惜之處，就是降低了實力的差異化，學生無法考量到實體閱讀體驗，比如說何謂膠裝跟騎馬釘，如何規劃出血，如何選紙張的磅數以及材質，如何局部上光，何謂截止日前寄出「郵戳為憑」，真的有同學不知道什麼是「郵戳」。我覺得很可惜的是，數位化讓有經驗有實力的人變得要降低標準，好跟大家一樣。弱者會認為省掉這些功夫好輕鬆啊，強者則會認為太可惜了，因為原本這些資訊落差與對細節的用心正是刷掉競爭對手的方法呢。制度可以保護遵守制度的人，而吐槽制度只會讓別人發現你卡住了。

{ 從高一就開始準備作品集和學習歷程
想想你的學習動力來自正面？還是負面？ }

要全心投入單一**專長**，還是延伸多個專長？

　　每一屆奧運或是大型國際賽事剛結束，都會有一些可怕的畫面流出，像是舉重選手身體不堪負荷，或是體操選手角度沒抓好，直接手腳骨折的畫面，這些瞬間的傷害，有時直接斷送運動選手十多年來的職業生涯，選手都是從小培養，或是十幾歲就開始投入漫長的訓練，就是為了比賽這一刻，其實真的蠻可怕的，如果選手不能再繼續比賽，專長又只有該項運動的話，可能運氣好比較理想的狀況是，過去剛好有拿幾面金牌，有一些公認的成績，或許可以當教練訓練其他選

手，或者是演講出書，但這應該是少數的案例。我不是想要舉極端的例子來警示，而是作為一個思考題前導，你們可以想像一下，如果今天你是選手，你會怎麼做？

還是你們覺得選手跟你們距離太遙遠？那想想自己的興趣吧，我自己就常常思考，像我的專長是做特效，每天都要大量用眼，如果有一天出意外，我眼睛瞎了怎麼辦？如果今天殘疾的地方是斷手或腳可能還好，因為我的助理可以幫我操控電腦，然後我負責監督工作環節跟成果就好，但如果我眼睛瞎了，我還真不知道，到底該怎麼辦，我可能接下來就只能靠演講出書討口飯吃。如果興趣是演奏樂器，手指很重要，如果興趣是跑步，腿很重要，其實這也是所謂的「選擇權」，**看你要不要持續擴增自己的「選擇權」，讓你可以多條路線一起開發，沒出意外就相互輔助結合，出意外的話，至少還有一條後路可以走。**

就我的案例來看，我原本是一個普通平凡的國高中生，這沒什麼特別的，政府的義務教育就是讓你能夠成為一個學生，大家都只有一個目標就是讀書考試上好學校，而我就是自己多嘗試了其他技能，像是學小提琴、畫畫、剪輯影片，你可以想像，**你每多一個才華，你就會比其他同學擁有更多種可能性。**

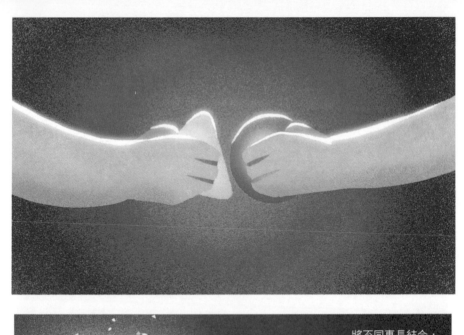

將不同專長結合，
拼湊出新的能力。

升高中的時候，我因為比別人多了小提琴這個才藝，所以在最後升學的關鍵時刻拿出了教育部優等的獎狀，加了分。高中的時候，因為快速累積自己拍影片做網頁的能力，所以在製作升學用的備審資料時，別的同學還在煩惱要怎樣生出作品，而我則是直接就有幾百個現成的作品可以挑選使用，掌握更多技能長才，我就能比其他同學掌握更多種可能性。

我大學時期開始經營頻道之後，常常擔心會不會有一天YouTube 就這樣倒了，所以我就連 Facebook、TikTok、Instagram 都經營，就像多買一份保險一樣，其中一個掛掉，我還有好幾個，而且掌握愈多平台，就有愈多商業合作的可能性。自己創業當老闆後，雖然經營賣課程賺錢這個商業模式，但也會擔心會不會有一天大家都不買課程了，所以我還是要繼續嘗試別的，比如說賣素材，賣創作工具，總之，**永遠都要為自己多留幾條後路**。

噢對了，學生時期千萬要慎選當自媒體創作者這件事情，這是一個急需要投入大量時間和勞力的興趣，因為你要穩定拍影片給觀眾看，而一部 10 分鐘的影片往往需要花一到三天全力投入剪輯才能製作完成，能夠靠這行吃飯甚至是當成「職業」的都是極少數，我是到大學時期，比較沒有課業壓力，有充裕的

時間，才敢全心全力投入，結果我也是熬了好幾年拍了上百部影片才破 10 萬訂閱，花了六、七年才 50 萬訂閱，前期有好幾年是幾乎沒有收入的。

有很多事情要在適合的時機做，才能事半功倍，對！我是在對一股腦說想要當 YouTuber 的同學喊話，不要只因為發現自己書讀不好，腦袋沒有特別的知識領域，對自己沒有想法，找不到興趣，就因為休閒時看到網路上的遊戲實況主，或搞笑類 YouTuber 影片很好看，就以為創作者都是過著光鮮亮麗的生活，以為是個很夢幻的職業，以為單純的拍影片打遊戲就能賺錢，就被沖昏頭。如果說要開一個頻道，可能國小生都會，但要讓這件事情可以吃飯可以賺錢，不就是看誰的腦袋最有料，誰的口才最好，誰的專長最突出，還有誰的時間最多嗎？而這些都是你目前還沒有的部分。

不管在任何時間點，都要做能讓自己發揮最大價值的角色，國中生不應該做大學生才適合做的事情，大學生也不應該回去做國中生才適合做的事情，**如果你現在是個沒有料，沒有實力，沒有才華，書也讀不好的人，就應該趁你還在求學時期，趕快充實自己、精進自己，因為這是你這一生中唯一適合做這件事的時機了，而其他「夢幻想法」，只要未來你有時間，**

或實力也都準備好時，就有機會嘗試，效率反而更好，成功機率更大。

{ 發展多元技能擁有更多可能
永遠為自己多保留幾條後路 }

如何
自主學習 ？

　　我在讀雄工的時候，是我人生培養興趣非常關鍵的時刻，我是讀圖傳科，一路上科裡的老師幫助了我非常多，不管是培養基礎的美學，或是待人處事的道理，這對我都有很大的影響，我當初是自己摸出了對影片拍攝的興趣，但因為這不是課綱下學校該提供的內容，於是我費了很多心思在自學上面，問了很多專家，自己上網找資料自己研究，慶幸的是圖傳科老師們都是樂見我開拓這樣的興趣的，其他像健教課蘇敏慧老師，當初是她鼓勵我把作品送去比賽，我才燃起了拍影片這個志向。另外我也感慨，我之所以學習的動力夠強烈，是因為當下學校的資源匱乏，我竟

然還能發展出這個興趣，極為不合理，讓同學都對我的作品驚呼連連，讚嘆說學校都沒有教，我為什麼有辦法懂這些，我瞬間獲得極大的成就感，讓我自主學習的動力更為強烈。事後想想，如果雄工當初這方面的資源充足，好像反而無法造就出現在的我，因為我會覺得一切得來容易，變得沒有衝勁，所以讓我能勇敢追求興趣的關鍵是，當我在探索培養時，老師是保持開放態度且鼓勵我的。

設備資源是學習的標配嗎？

我近幾年來常常聽聞學弟妹在抱怨，學校的資源跟自己想像的不符，但我當初可是連拍攝器材都沒有，還得跟同學借手機來拍，因為我自己沒有智慧型手機，還為了做特效自己存錢組了一台電腦，我很珍視每一個得到的素材，跟好不容易獲得的電腦，所以我會拚了命的學特效，因為我不想浪費我自己辛苦存的錢，**我發現資源愈是唾手可得，你的學習動力可能會愈不足**，因為你會覺得是別人硬塞給你、要你去學，而不是自己想學、花錢去學。當學校提供每人一台電腦時，你就不會覺得自己學的東西是有門檻的，會覺得跟大家站在同一條水平線上，當別人做得比你好，你又覺得花心力跟上別人會很累，所以有資源是一個雙面

刀，你會學得很輕鬆，但是你也可能因此怠惰。

現在很多手遊都標榜免練等，開局就送多少豪華寶物，但試問這樣成就感可以維持多久？

現實生活中可不像遊戲，你不應該奢望，一進學校就送你開局大禮包。在僧多粥少的環境下，**你自己如果有目標要追求，應該要自己邁開步伐，而不是坐在那裡，張開嘴巴讓別人把東西倒給你。**

以我為案例，我在學校沒教的狀況下創作出特效作品，同學們都覺得十分驚奇，覺得我會一些他們不會的東西，我自然產生了「優越感」，覺得這種資訊不對稱的感覺很爽，他們也不知道我是怎麼辦到的，去哪裡學的，完全摸不著頭緒，我很享受這種感覺，我就會為了想要繼續驚艷同學，努力從最微小的技術開始下手學習，我那個時候就是看 YouTube 或 Google 的教學，每天學會一招，去學校跟同學炫耀，你會發現只要你的技術是同學平常沒有接觸過的領域，即使再小的成果，同學也都會覺得你很酷，不知道你是怎麼辦到的。**炫耀技術，其實就是一種自主學習的動力，就像你拿著一張一百分的考卷，就是為了想看到別人投以羨慕的眼光，覺得你是「神人」。**

神人再進化——學而優則教

　　讓我自主學習大躍進的關鍵，就是「寫教學文」，但當時我還沒有意識到這件事，我只是把我在英文網站學到的特效技術，用我自己理解的方式寫成中文筆記，記錄在我自己的網誌裡，因為學任何東西都一樣，只要有一段時間沒碰，就一定會忘記，這樣就白學了，所以我寫成中文筆記，方便我自己回顧，這樣我就能很快地再次上手。結果我發表到臉書上，哇賽，一堆人在留言區拜我為神，說我為什麼有辦法看得懂國外的技術，然後寫成教學，當時就有一種優越感，因為從小我們在學校，覺得「老師」這職業就是要飽讀詩書，考很多試，經過激烈競爭，脫穎而出才能當上老師，而且在學校，所有事情都是老師說了算，備受一定程度的尊敬，老師的任務就是教學，學生的任務就是負責學習，所以我從來沒想過有一天我可以跟教學扯上關係，被當作神的感覺真的很不錯，所以那陣子我就**把自己摸索到的新技巧，想到的新想法，都用文章的方式記錄下來**，沒想到後來還產生其他效果，就是當你在網路上發表教學到一定程度時，甚至會有接案的機會，為什麼呢？

　　想像一下，如果你是一個老闆，想幫公司做動畫簡介，一開始一定很自信，覺得現在網路資源那麼發達，應該能找到教

學搭配厲害的軟體自己做出來,結果上網查一查,跟著做之後發現,原來沒那麼簡單,原來還需要一些專業知識基礎,然後繼續爬教學文,發現有一個人叫六指淵,他發表了很多教學文章欸,而且他寫的這一篇,剛好就是自己想要呈現的效果,如果他有能力寫出教學文,那他一定比「擅長」還要更厲害,因為他除了自己會這個技術,還懂得轉化成知識教授給別人,感覺是個不藏私的人,如果要找外包的話,不如找他,他跟其他外包單位比起來,好像會更多東西,會教學的人應該都蠻親切的,自己摸可能太花時間了,乾脆就找六指淵做吧。有沒有發現,只要做「教學」,就可以帶來無限大的好處:

1. 可以當作你自己的筆記,未來忘記或生疏時可以複習。

2. 別人覺得你不只是會技術,更是厲害到可以教人的程度。

3. 只要有人固定在觀看你的教學,你可以得到一票支持者。

4. 透過教學,讓別人知道你擅長做這件事,會得到更多案子或演講教學的機會。

想想看,求職面試時,老闆問你程式能力多強,你回答「很熟練」,跟回答「你有在教別人寫程式」,哪個更容易錄取工作?顯然是後者吧,老闆甚至希望你可以教會他其他員工。而我頻道初期最高點閱率的影片正是做教學,一部是帶領觀眾

4 分鐘內學會 AE，一部是帶你用手機拍出酷炫的轉場，現在在 YouTube 上也破了百萬點閱，所以如果你想讓更多人認識你，知道你，就把你學會的分享出去吧。

很多人會問我，為什麼要這麼佛心，把自己辛苦學會的東西教別人，難道不怕別人學會之後超越你？其實一開始我也有想過這個問題，可是到後來完全不擔心，因為，**只要你保持繼續學習新技術，其他學習者是永遠跟不上你的車尾燈的**，因為人不可能永遠記得所有技術，大家通常只做一件事，就是先把你的教學網頁保存在自己的書籤，要用才會看，就算看了，解決完當下遇到的問題，可能過幾天又忘了怎麼操作，於是會更仰賴你的教學，經常來觀看你的教學，你就會變成他們心目中的神。

而我做教學的最終目的有兩個：一是成為大眾心目中的神；另一個就是累積成屬於自己的資料庫，當自己有一天技術生疏，看自己寫的教學文章找回憶，應該可以縮短比別人快五倍的時間。

所以你會發現，**做教學不會讓競爭對手變多，只會讓自己變得愈來愈強**，總之從現在開始，你學會一招或摸索出什麼就打成文章，發表在某個論壇或社群上吧。

> 愛現就是自主學習最強大的原動力
> 求知若渴讓別人看不到你的車尾燈

人生**最後悔**的事情，就是我搞壞了我的眼睛

　　小時候最熱愛的事情就是打電動了，但家人會禁止，但愈禁止我就愈愛打，有時還會半夜不睡覺，偷偷起來打電動，怕被發現不敢開燈，在超黑的房間，眼睛盯著超亮的螢幕，你就知道對眼睛有多不健康了，想想換來的代價可能就是高度近視加上青光眼的風險，還敗光了零用錢在儲值點數上，好不值得，但當時可不會想那麼多，只會覺得打電動的時候很開心。

　　其實每個人都有讓自己身體隱形的超能力，只不過你自己沒辦法控制，通常都是你在書桌前

讀書時，隱身能力自動發動，相信每個同學一定都聽爸媽講過這句話：「整天都沒看到你在書桌前讀書，都在玩電腦。」即使你已經在書桌前讀了四個小時的書，只在電腦前看了三十分鐘的臉書也一樣，你可能會覺得很氣，這是什麼道理，但我現在當了老闆就能體會爸媽的心情了，比如我有時候久久進一次辦公室，就看見員工在休息打手遊，但他其實已經連續工作三個小時，只是剛好休息十分鐘，就被我撞見，我會感覺好像員工無時無刻都在偷懶一樣。不管是家長或老闆潛意識都希望你用功讀書或工作，所以你只要坐在電腦桌前，他們難免覺得你可能整天都在混。

新興趣 + 新動力

我後來是怎麼辦到不再被電動誘惑的呢，其實就是轉移注意力找到更有趣的事情去做，找到了一個會讓我萌生一個念頭是「**電動可以晚點再打，現在我更想處理的事情**」，聽起來很不可思議吧，電動明明誘惑很大，而這個轉移注意力的方法，其實就是找到「新興趣 + 新動力」。

以我為例，我的新興趣就是研究特效，但同樣都是在電腦桌前，我為什麼不會又被電動誘惑呢？距離明明超近的啊，我

明明只要點個遊戲的 icon 就可以玩了，我是如何專注在我的新興趣上？剛好有個巧妙的因素是，玩特效時，我的電腦需要很高的效能去做這件事，所以我不得不把遊戲關掉，因為即便電腦可以多工處理，我也希望把所有資源留給特效軟體去運算畫面，你看，光是這個抉擇，就代表在我心目中，我已經把做特效的地位擺得比打電動還高了。以前硬體設備不像現在那麼發達，我可能只是要做十秒的特效，輸出影片可能就要花上三十分鐘，而且電腦是完全卡死，CPU 飆到 100%，專心在處理特效的輸出，所以我也不太能一邊去逛網頁什麼的，完全不能動電腦，我以前可能會想說有三十分鐘可以用電腦，當然是拿來打電動啊，但找到興趣之後，我開始會覺得放棄這三十分鐘也沒差，因為我很期待時間到了之後，我的特效成果會長怎樣，我甚至會忙到忘記要打電動這件事，所以我就慢慢的一天忘了要打電動，三天、一個禮拜、一個月，久了就覺得好像不再沉迷了。

　　但你一定會不認同說，怎麼可能運氣那麼好，馬上找到一個興趣，然後比打電動還沉迷，這可信度太低了吧，你不相信。對，我還沒講完，光是找到新興趣是不夠的，如果找到新興趣讓你有一種騎在馬上面跑的感覺的話，**找到「新動力」會讓**

你好像拿到火箭燃料一樣，一口氣衝向另外一個浩瀚的星球，

Unstoppable ！

{ 想要看見成果的興趣才會產生動力
什麼事情會讓你廢寢忘食牽掛在心？ }

Chapter 4

打敗
夢想路上的
大魔王

你可以不再
沉迷電玩網路
讓自己追求幸福
不失能

追夢特效藥
4

電動晚點再打沒關係

隨時默念，擺脫「隨機」對思維的控制
為人生中更好玩、更有價值的事情奮鬥

電動
為什麼會
讓人沉迷？

　　假設我人生從頭來過，我會想要當一個遊戲製作師，因為這是很賺錢的一個產業，不管在什麼時候，APP 商店上的熱門下載排行，或熱門付費排行，永遠都是手機遊戲占據第一，遊戲總是可以瘋狂吸金，它充分掌握了人心中脆弱與渴求的慾望，如果你是上班族，遊戲可以讓你短暫忘記一整天的煩惱，如果你是學生，遊戲也絕對是紓解你壓力的天堂。電動產業為什麼可以那麼賺錢呢？原因是他可以控制你的思維，影響你的一舉一動，所以要你掏出錢來儲值自然也不是多難的事情，你不覺得這是一種超能力嗎？如果我是

遊戲設計師，我肯定會很有成就感。

遊戲是如何讓你沉迷的呢？如果讀者有機會的話，可以閱讀一位遊戲化大師周郁凱提出的「**遊戲化八角框架理論**」，你可能以為沉迷遊戲只是因為遊戲好玩，但看完你就會完全改觀，你會發現遊戲其實都是用很科學的方法在影響你的行為。我舉書中一個例子，有一個實驗是想實驗大腦對於「隨機」的反應，工作人員放了一個按鈕給老鼠按，老鼠只要每按一次，就固定會跑出一顆飼料，所以老鼠只要想吃東西，牠隨時按下按鈕就一定會吃得到，實驗結果發現老鼠只按了幾次，吃飽了就不會再繼續按按鈕了，隔天工作人員又放了另一個按鈕給老鼠，但這次按鈕給的飼料是「隨機」的，按下去有時候會給一顆，有時候給 3 顆，有時候完全不會給，結果老鼠因為無法預測牠是否能獲得牠預期的飼料量，開始焦慮，瘋狂按按鈕，一直按不停也吃不停，結果牠就飽到撐死了，而那隻老鼠可能就是你。

那麼**遊戲中哪裡有「隨機」的元素呢？──全部都是**。俄羅斯方塊的掉落物是隨機的，轉珠遊戲的落珠也是隨機的，打怪掉的寶物也是隨機的，抽卡、轉蛋、傷害、能搞隨機的東西，統統都用隨機，因為你每次做同樣的行為，都會有不一樣的結果，就會讓你想要一直玩下去，你就會想要一直花錢，敗光

家產轉蛋抽卡直到你想要的東西出來為止，而且可怕的是「隨機」只是遊戲化八角理論裡面最微小的一環，遊戲公司都是靠這些科學的方法吸乾你的錢包，那你可能會想，喔，那我就玩不用課金的免費遊戲就好啦，但俗話說免錢的更貴，遊戲公司如果不從你身上撈到錢，就要靠刊登廣告賺到錢，所以他會想盡辦法讓你把時間都逗留在遊戲上面，讓你停留更多時間看更多廣告，廣告公司才會付遊戲公司更多錢，所以你會慢慢的發現，你今天不花錢，你貢獻的就是你的視力跟時間，他們正在一點一滴流失，而且不再復返。

像我現在近視就蠻深的有五百多度，原因就是我以前太愛打電動了，而視力退化讓我不得不戴眼鏡，小時候以為戴眼鏡的人很酷，長大後才開始羨慕不戴眼鏡的人，因為如果真的想戴眼鏡的話戴個無框眼鏡也可以，戴眼鏡是有諸多煩惱的，首先你偶爾會找不到眼鏡，而找不到時，你的不安全感會激增，因為你覺得整個世界都看不清楚了，戴眼鏡也不能做激烈運動，打籃球時如果不小心打中臉，你的鼻梁可能會因此受傷，而且眼鏡壞了又得花一筆錢，我目前工作感到最痛苦的是，拍片的時候，不管你怎麼打燈，眼鏡都很容易反光，而且戴眼鏡還會讓眼睛變得比較小，有些人可能會說，那可以戴隱形眼鏡

啊，但隱眼戴久了會有乾眼症，戴眼鏡又會變醜，我真的很後悔讓自己的度數加深。

但你始終無法否認，打電動是好玩的，打電動是大眾用來犒賞自己的娛樂管道，所以禁止打電動就是在懲罰孩子，為什麼有的小孩很喜歡打電動呢，其實是因為遊戲的設計永遠都不太會懲罰孩子，只會獎勵孩子，做錯事不會懲罰，做一點小事反而會稱讚、會給予獎勵，所以如果孩子在現實生活中處處受到限制與懲罰，就會享受在電動遊戲中逃避，現實中父母不覺得孩子很厲害，但遊戲卻會稱讚孩子，給孩子各種豐厚的獎勵，甚至還有遊戲裡網友給予的溫暖陪伴。

{ **如何擺脫「隨機」對思維的控制？**
遊戲中得到稱讚和獎勵能滿足你嗎？ }

當家人角色失去功能
會發生什麼事？

如果家事
都沒有人做了
會如何？

　　想像一下，今天放學一回到家，發現家裡暗暗的，你害怕的沿著牆壁摸黑，好不容易找到開關，按下去，燈沒亮，你又來回按了好幾下，這才發現家裡根本就被斷電了，你放下書包，很累想沖個澡，發現沒水了，原來沒繳水電費，全部都被停掉了，此時你肚子突然餓了起來，去到廚房，發現一堆碗都還沒洗，爬滿一堆蟑螂，然後也都沒有食物可以吃，你想找爸媽求救，結果轉過身發現爸媽正在旁邊沉迷打手遊打電動，好像都沒有想要處理，因為沉迷電動的關係，已經完全失去當父母的角色功能了，你心裡會怎麼想？

如果你現在也沉迷於電動，沒做好其他分內的事情，那其實你也失職了，像父母這個角色使命是要照顧好整個家，而你的角色，就是盡好學生的本分，如果爸媽出去一整天，你就拋下你手邊該做的功課，只專注在電動上，那你也是重現一個沒水沒電的家庭悲慘狀況。

{ 　家庭中每個人的角色功能是什麼？
　如何幫助因故迷失自我的家人？ }

如何不再
沉迷**打電動**？

　　我親友小白的媽媽跟我說小白沉迷於電動，而且更棘手的一件事情是，小白在遊戲中也結交了玩伴，裡面有他同班的，也有年紀比他大的，甚至是任教學校的數學老師，他有不會的數學還會去遊戲裡問那個老師，也可能是他想表現出，遊戲也有好的一面，進而讓他媽媽認同，覺得好像打遊戲也不全然是壞事，我的確認同結交到朋友這部分不是壞事，但是小白的狀況是，只要他爸媽假日一出門，他就會瘋狂的在家偷打電動，然後計算好爸媽回到家的前半小時，再把書拿出來讀，這樣的狀態很不健康。

　　於是我就開始研究很多方法，包括為小白設

計一些達成自律的小規則，或是請他媽媽一起參與電動，但我原本設計的規則在寫書時打了將近五千字，結果實測之後完全沒有用，我就全部都刪掉了。

　　實測失敗的原因有幾個，我先說我原本的概念是什麼好了，我前面提到實驗白老鼠，吃飼料吃到撐死的原因是我們讓按鈕出現的飼料量是隨機的，那小白的狀況就有點像這樣，他乖的時候打得到電動，不乖的時候就被懲罰不能打電動，所以他會為了未雨綢繆，只要爸媽一不在家，他就會啟動「狂暴電動模式」，如果是出兩天的遠門，還會通宵不睡覺打到爽，平均一週下來他至少會打二十小時的電動，所以我原本想讓他把打電動這件事變成規律，變成例行公事，可能星期一、三、五、日固定安排一個時段給他打，他不想打我們還逼他要打那種感覺，那如果平常做錯事要懲罰，我們得處罰別的，比如說做家事，不要懲罰到限制電動，讓他有一種一定打得到電動的安心感，當然我們的目標是每週不要打太多電動，可能先壓縮到八小時，結果我們提供這個新方案給小白，他有思考了一下，但他最後居然不選新方案，因為他認為他原本的狀態就很好了，畢竟就算平常被限制不能打電動，只要爸媽一出門，「狂暴電動模式」就可以一次補回他平常的約束。

不過我後來想想，他即使今天選了這個新方案，也可能只是在我們面前做表面功夫給我們看，他爸媽只要一出遠門，他哪還會管什麼規則，絕對先打再說，所以我得到了一個結論，**小白就是「不夠自律才會沉迷於電動」，我不可能期望他會自律的實現新的規則，所以如果要改變他，不能讓打電動這件事情變得複雜，不能有衍生的規則與條件獎勵**，因為不管再怎麼訂規範，不自律的人就是會逮到機會不自律，所以我後來就把我設計的一些詳細規則都捨棄掉了，內容我還是有自己存著，只不過我沒有放進這本書裡。

{ 如何對抗「狂暴電動模式」？
什麼原因會讓人產生自律性？ }

電動
晚點再打
沒關係

　　小白其實也知道沉迷電動不好，也知道自己將來根本不是當電競選手的料，就只是因為喜歡電動，沉迷上了而已，離不開電動，整天都在想電動的事情。而我之前的方法計畫失敗後，其實我思考了很久，但最後也得出了答案，我打給小白，我跟他說，請忘掉我之前跟你說的種種規則，如果你要戒掉沉迷中的電動，我們的方法跟目標現在就只有一個，只有一個喔！

　　請你在心裡面保有一個聲音叫做「**電動晚點再打沒關係**」，你隨時在心裡面，想起這一句

話就行，你一開始一定沒辦法做到，但這就是我們邁向成功之前唯一的目標，從這簡單的一句話你可以發現，我沒有禁止你打電動，我是要你想辦法給自己心理暗示「電動晚點再打沒關係」。

小白的問題出在，他每天要做的事情很多，但他搞不清楚優先順序，不懂得「**延遲享樂**」，常常會想要先打電動再來做其他事情，但電動又是會吃掉時間的可怕怪獸，導致其他事情都沒時間做完，又做不好，所以這句「電動晚點再打沒關係」代表我想改變小白做事情的優先順序。

那要如何實踐呢？我好像說得很容易，接下來才是最具挑戰的，就是我要讓小白挖掘出「**個人興趣**」，讓他發現人生中其實有非常多比打電動還要好玩、有價值、有動力去做的事情，講到這裡，一定會有很多人跟著問，那我要如何找到自己的興趣？

{ 打電動是你日常的第幾順位？為什麼？
「電動晚點再打沒關係」對你會有效嗎？ }

找到一個
你認為
值得讓電動
被擺在後面
的興趣

我問小白：「當你走進一間冰淇淋店，最想吃什麼口味？」

小白：「巧克力。」

「那你最討厭什麼口味？」

小白：「薄荷」。

「很好，那你為什麼會知道自己喜歡什麼、討厭什麼？」

小白：「因為我嘗試過。」

「非常好，如果你今天剛出生，什麼都還沒嘗試過，你會知道自己喜歡什麼口味嗎？」

小白：「不會知道。」

「所以，你現在知道要如何找到自己的興趣了嗎？」

小白：「要嘗試過」。

他終於懂了。我覺得我自己的運氣算很好，剛好接觸到特效，我就直接沉迷於特效，走火入魔，就算我自己一個人在家，面對誘惑極高近在咫尺的電動，我也會選擇研究一整天的特效，因為對我來說，可以投入在裡面，可以有成果去學校驚豔（屌打）同學，就是一個最夢幻的消遣。電動我還是會打，只不過我就開始覺得，好像不打也沒關係，應該說我可以晚點再打，上大學後或出社會後再打也不遲，但是與同儕的成就比較，**現在不努力以後就遲了，永遠都不要讓未來的自己後悔。**

關於興趣探索，我們不求馬上上手或取得成果，就算過程中遇到困難也沒關係，只要能夠引起孩子的強烈興趣並且願意投入就行，因為其實**我們的目標是要促使「忙到忘記」**打電動。比方說遇到了困難，孩子也有強烈的「心」想要把他研究到位，或是試圖解決，如果沒有就換下一個興趣沒關係，因為代表他對這個興趣沒有「愛」，所以這項興趣短期發展的結果順不順利

當你擁有多元發展，
就不想再沉迷電動了。

不重要，有的真功夫是要研究個幾十年才能出人頭地的，在熬出頭前可能是挫敗連連。

　　所以重點是，這個興趣有沒有足以讓你覺得，失敗也沒差，你就是享受學習研究的過程，就像知名主持人蔡康永說的：「有一種幸福是，你追求你喜歡的事情成功了，而另一種幸福是你失敗了，所以你還可以繼續在這件事情努力奮鬥。」

{ 為暫時的失敗繼續奮鬥
不要讓未來的自己後悔 }

請降低對
「**上網時間管理**」和
「**色情守門員**」
這種服務的期待

你應該要親自陪伴你的孩子，而不是靠一個守門人幫你把關，家裡得不到的東西，就會想辦法往外得到，很多電信業者都會推薦家庭加購「上網時間管理」和「色情守門員」的服務，一個是可以控制斷網的時間，一個是防色情嚴謹到連學術論壇也都被鎖起來。但其實說真的，每個父母也都曾經是小孩子，相信你也明白，你要禁止一個東西是完全不可能，甚至會有反效果的，不只是打電動，你禁止其他東西也一樣，你禁止小孩打電動，他就會半夜趁你睡覺的時候不開燈

偷玩，視力會快速惡化加深，你想要出門買東西，以前小孩都會想跟著一起去，現在會變得很顧家，開始說謊，跟你說想要在家趕作業，但其實你走了之後，他就會在家裡偷玩電腦，聽到你回家的開門聲，就會馬上關機，跑到書桌前，天曉得緊急強制關機對電腦主機的健康度有多傷。而對小孩來說，偷偷玩的電動，比正大光明玩的電動還更好玩，因為要時時刻刻保持最緊戒的狀態，觀察父母是否還在熟睡，或者是否快到家了，心跳很快很刺激，還要一直編謊話，就好像另一種沉浸式體驗的遊戲，有一天你可能發現這件事情，生氣了，一氣之下直接把電腦砸爛，覺得這樣就沒電動可以打了吧，平常六日可能都會想要窩在家裡打電動，你覺得沒了電腦，終於幫助孩子排除了誘惑，可以讓他專心讀書，享受家人歡聚的時光，結果孩子突然就不喜歡待在家了，六日或放學一有空，就一直往外跑，快速吃了晚餐，就跟你說他跟同學有約要去圖書館看書，或要去打球，但其實是跑去打網咖，或是開始交一些不會限制他做任何事情的壞朋友。

　　上面這段情節都是我虛構的，很像恐怖小說，但**如果你與孩子間的信任感到最後都變成一堆謊言來替代，不是很可惜、很恐怖嗎？**雖然電信業者還是會持續推出這個服務，許多家長

覺得這個服務聽起來很有效，是有邏輯，有道理的，完全沒有考慮伴隨而來的副作用，所以我想建議家長不要使用「上網時間管理」和「色情守門員」，正確的做法應該是陪伴孩子，給予正確的三觀，以及理性思考。

得不到的更具誘惑力
謊言只會破壞信任感

Chapter 5

社會
雖殘酷，別急著
翻白眼

你會愈多技能
就愈有機會
在這個世界
生存下去

追夢特效藥
5

強強聯手，跳出同溫層

以更開放的心態看待別人的批評
從跨領域高手身上看見自己的不足

為什麼自己
被迫出生在
這個世界上？

　　以前的我，還找不到自己的人生目標，覺得
自己什麼都做不好，然後父母和每個老師對我期
待又很大，都說書一定要好好讀，一定要考到班
排前幾名，進到好學校，出社會才能找到好工作
之類的，我常常被壓力逼得喘不過氣來，常常恨
自己長得不夠高不夠帥，羨慕同學生活過得比自
己好，曾經有那麼一段時期感到自卑，覺得自己
什麼都做不好，覺得為什麼我會被逼著來到這個
世上，為什麼要生下我，我為什麼要強迫接受大
家對我的期待？

　　相信也有很多人這樣想，「為什麼自己要

被迫出生到這個世界上？」但如果你有這樣的想法，其實我們就要探討生命教育，回到你還是精子的時期，你是被強迫誕生在這個世界上的嗎？絕對不是，每一個精子都是一個獨立的個體，今天如果別的精子游得比你快，那你就沒機會誕生到這個世上，所以你在數億個精子中游出了第一名的好成績，這絕對是靠自己的實力與努力，一個參賽選手他在跑步比賽中跑了第一名，他是被威脅被逼著跑第一名的嗎？絕對不是，不然每個選手都威脅一輪就好了，所以你不能說你是被逼出生的，你絕對是自己努力出生的，不然當你有一天結婚，你是不是也不生小孩了，因為你沒有經過你小孩的同意就把他生下來，所以是不是全世界都不要再生孩子了？

其實為什麼被迫出生這個問題，不會有一個漂亮的答案可以直接說服你，因為這句話是來自於你對這個世界的抱怨，你在不同階段都會遇到不同的困難，就又會產生新的抱怨，你現在因為成績差而抱怨，但其實成績好的同學他也沒有比較輕鬆，他承受的壓力可能比你更大，比如他要煩惱如何一直維持在全班第一名不退步之類的，全校第一名的壓力可能更大，國中會有當下遇到的壓力，高中大學也是有不同的壓力，**同樣的困難不會一直存在，有一天會過去，就像你都上國中了，還需**

你是努力讓自己出生的

要煩惱國小時遇到的壓力嗎？你會回首笑看過去的抱怨有多麼微不足道吧！而且痛苦是比較而來的，難道你希望你是孤兒，沒人會管你的生活或給你課業壓力，一切生活起居經濟來源你都得自己來，這樣會比較好嗎？

沒有人天生就想讓自己過得很慘，世界上也不只有你是這樣的處境，很多人都在面臨一樣的挑戰，甚至更難的挑戰，如果別人也熬得過這個壓力，那你或許也可以，當你今天**想要逃避問題你就會想盡各種吐槽的理由，而這對你沒有任何幫助**，只會讓別人發現你卡住了，如果你想法太負面，應該要轉移焦點，這段時期過了之後，你就會發現舊的壓力已經不再存在，會有新的挑戰與新的壓力，而這是每個人都會遇到的挑戰，當**你跨過去了，你會發現你在無形中贏過很多人。**

{ 你絕對是自己很努力才誕生的
遇到困難，跨過的人，就贏了 }

你知道
家人在意的點
是什麼？

通常家人擔心的點，不外乎就是「**怕你未來沒有辦法過上好日子**」，所以你就是要讓家人看到你正在為理想、夢想努力的過程和成果。

我有一次比賽得名拿到獎金，有好幾萬元直接入帳到我的戶頭，我秀給我家人看，他們就對我使用電腦的態度改觀了。以前家人看到我坐在電腦前面，可能就直覺我在打電動，但現在都會覺得我是在工作或是忙比賽了，所以其實有一個重點，你要快速取得成果，讓父母在你身上看到閃閃發光的樣子，而比賽或接案的報酬是最直接也最有說服力的證明，**父母通常不是要阻止你**

追夢，而是害怕你未來不順利，擔心這個興趣沒前途、不穩定或賺不到錢，或不是正派職業，所以**我們要證明自己，讓父母能夠安心，讓他們了解你這個興趣，是正當合法，有潛力有價值，能夠賺錢照顧自己，甚至還能照顧家人**。結果當然我也不負眾望，因為強烈的好勝心，用流量跟接案證明了自己，**我贏過的就是那些怠惰，中途放棄，想要等長大出社會再來煩惱自己未來的人**。

{ 多分享自己的夢想和努力的過程
一點小成果也能讓自己閃閃發光 }

如果分發到
自己不感興趣
的科系
怎麼辦？

　　如果你還是不知道自己的興趣，純粹覺得這個科系就是不適合你，那請你繼續讀下去，一邊找到自己的興趣，因為不管是哪個科系的知識，學到最後你還是可以與你最擅長的專長結合的，你的人生歷練也會比別人豐富，寫自傳的時候更有轉折也更有戲劇性。如果你已經明確知道自己的興趣，發現自己身處不感興趣的科系，的確是可以考慮轉系或是轉校，我也很為你高興，因為你知道你自己在做什麼，而不是單純覺得不感興趣，不知道自己要做什麼的無頭蒼蠅。

其實我自己的例子就蠻像的，我國中基測的分數考得沒有很好，那個時候就蠻想讀高職，因為我對拍片很有興趣，可是當時沒有所謂自媒體這個詞，更不可能有這種學校科系，我就挑了一個我分數可能很接近的圖文傳播科。初聽到「傳播」我以為跟影視或是播報新聞有關，結果完全不是，入學後才知道只是在畫畫跟學習如何印刷，所以我的影片拍攝和特效製作的能力，完全是我利用放學時間和假日學起來的，別的同學可能在玩樂打電動，我則是在深耕我的專長與興趣。但是我還是很慶幸我讀了圖傳科，我原本畫畫實力是不足的，但好險學校的老師夠專業，讓我可以在這方面更精進，於是我拍片的時候就派上用場了，我在學校學到的畫畫技巧，可以拿來畫分鏡，印刷的部分雖然拍片用不到，但學到的技術，可以讓我知道如何印刷書本出版，等於讓我人生又多一個技能。

假設我今天是讀到資訊科，我可能就可以架設更好的官方網站，如果讀到電機科，我可能可以手做更多更酷的互動裝置，讀到語言科，我可以多一國語言去呈現我拍的影片，**雖然你現在分發到的科系可能不是你最想學的，但如果不排斥的話，就好好學起來吧，如果你多會一個技能，你自然就比別人多一份選擇權**，一般人如果分發到自己不喜歡的科系，可能會

覺得人生走錯路了，覺得在浪費時間，但相信讀完這本書的你會明白，這是多學一項長才的好機會，**你會愈多技能，就愈有機會在這個世界好好生存下去。**

｛ 沒有一種技藝完全派不上用場
懂愈多愈有機會好好生存下去 ｝

興趣跟課業的時間衝突了怎麼辦？

　　學校才不管你個人的長才是什麼，**學校安排給你的課程是每個人應該同時具備的基本能力，**所以在你讓自己的興趣能當飯吃前，你必須以**讀書為主，興趣為輔，**因為若要讓興趣變成吃飯的工具，你必須要練到很強才行，而**變強的最快的方式就是跟厲害的人在一起，你可以看到強者是怎麼精進自己。**那要如何跟一群強的人在一起呢？「讀書考試」就是最直接簡單的方式，因為你不用花時間社交，升學制度就自動會幫你把各等級的人才分類好，是 CP 值最高效率最好的方法。

那當你的課業穩定之後呢？大家好像都會覺得自己時間不夠用，但是說真的，時間都是被擠出來的，我創業也很忙，還要拍片，還要經營一家公司，我為什麼還會有空，寫出一本六萬字的書給大家看？其實我是先說服自己，我要做的這件事，不是件苦差事，是我有興趣要做的事，我不會把他當工作，不會把他當功課當考試，這是我覺得做了就會享受其中，就會覺得有成就感的事情。

通常大家都是國中的時候比較需要補習，高中的時候就比較不補了，所以你如果要在國中時期練出很強大的技能的確有困難，國中生的時間都不太夠，但我會建議大家國中時期務必要先了解課內的知識，因為出社會後，很多賺錢的方法或技能都是以國中的知識作為基礎，很多迷因哏講到古人或歷史的笑話，也多為國中程度。

就算你真的很有天賦，在國中你就掌握了興趣專長，還可以合法賺到錢養活父母，也請務必同時把國中課業讀好，不然很多時候，社會上有很多高知識份子，會利用你什麼都不懂，只會傻傻的做事，反正你又不愛讀書，那麼好騙，就用智商霸凌你，把你的利益全部騙光光，現在身為老闆的我，只想跟你說，**國中的知識真的只是出社會後的基礎而已，不管你將來會**

什麼專長都好，請你至少具備國中三年該有的知識。

我相信你再怎麼忙，都擠得出時間來打電動吧？你說你平常白天上課晚上補習很累，但是如果你在睡前可以打三十分鐘的電動，你還是會想打吧！你還是會忘記你一整天辛苦的學習吧！假日沒事，家人出遠門，你可能也會放鬆偷打電動，像這些瑣碎的電動時間都是你一點一滴擠出來的，對吧？滑臉書，滑 YouTube，滑 IG 這也都是你自己擠出來的時間，因為你會盡你所能忙裡偷閒，一天假設擠出 2 個小時，一個禮拜也至少超過 10 個小時，班上其他同學的狀況都跟你差不多，就差在我們把這 10 小時，拿來研究我們的興趣與專長。

我是到大學才有辦法平衡興趣與課業的，在國高中時期雖然喜歡拍片，但說實話沒有辦法好好兼顧課業，所以我還是有乖乖讀書，**至少課業沒有退步，或直接放掉，重要的事情與當學生的本分要先做好，才能三點不動一點動。**

**{ 放掉課業之後能拿什麼彌補？
蠟燭兩頭燒可能兩頭都落空 }**

是高手就不怕別人**點評**

　　我以前讀設計科時，發現很多同學都有一個通病，不想讓自己的作品，被別科系或不懂設計的人評論。覺得今天被批評不是因為自己的作品不夠好，而是他們不懂，因為不懂設計的人，只會主觀的說：「看起來好怪喔」、「好醜」，但又說不出專業的術語讓你心服口服，你可能心裡白眼不知道翻到哪裡去。

　　但我想說的是，你成為一個知名設計師前，你的作品要面對的本來就是大眾市場，本來就需要傾聽各種不專業的評論，如果你今天是賣牛肉麵，你還能囂張的說：「是你們不懂得欣賞我的

料理嗎？」客人應該只會覺得，你倒一倒，店收一收算了吧。

每一個人都有值得我們向他取經之處。

最近有很多歌唱節目，明明已經很有名的明星歌手，還願意上台被評審公開講評，代表除了追求曝光度以外，他們也很想聽聽看自己還有哪裡可以進步，從這可以看得出，能上台被點評的人，絕對不是三腳貓功夫的。

以更開放的態度看待別人的批評
從別人的評價中發現我們忽略的價值

保持熱誠，
虛心求教。

現在
先不讀書？
以後
再來惡補？

其實現在的教育環境跟以前沒什麼差別，所以我不想對你們說什麼現在學東西都很方便，資源很豐富，網路很方便。因為我還在讀高中的時候資源也是蠻豐富的，Google 也很好用啊，高中距離我現在也才剛過四、五年，所以我們的教育環境跟遭遇很接近，幾乎是一樣，但是學習氛圍已經很不一樣，我還不知道確切原因是什麼，可能是因為疫情打壞了同學很多的計畫，讓大家抱怨自己是最衰的世代，覺得其他計畫都被中斷，只剩下學校課業沒有被中輟，只剩下書可以讀，

目標只剩下學習，所以你討厭學習，因為不是你想去讀書，是書追著你讀，但關於升學，我們當年也是一樣，只不過這兩年有疫情，讓課業變得更聚焦，課外變得更失焦，大家的焦慮變成在焦慮升學，而不是在焦慮學習。

我覺得可能是因為大家沒有學習的強烈需求，我以一個過來人剛出社會的經歷來看待國英數，當了創作者之後，我認為國文是我最需要補足的，因為我到現在連注音要不要捲舌，都還是分不清楚，然後觀眾都會糾正，拍影片常常要講話，因為成語背得不夠多，我沒有辦法好好的引經據典，電影「末代皇帝：溥儀」有一個橋段很棒，年幼的溥儀問他的老師說為什麼要學措辭，他的老師回答他說，因為如果言不及義，就無法說出自己想說的，而君子必須要言行一致，所以如果想要有好口才，說出漂亮話，國文是非常重要的。

那數學呢？身為一個老闆，如果常算錯帳或不會算成本，公司也是會倒得很快，那你說那些三角函數什麼的真的用不到嗎？在特效軟體裡不止是點點按按而已，很多時候是需要輸入數學公式下去跑隨機特效的，而那些公式都是數學基本功，想要投資，計算報酬率，想要跟金融數字化的東西走得很近的人，數學也都不能太差。

那英文呢？我就不用多說了吧，我最近上 CC 字幕，是為了讓更多國外的觀眾可以看到我的影片，我都做成英文版的，而且語言也是永遠不敗的賣課主題，今天不是別人賣課教你英文，就是你要掏錢學英文。

書到用時方恨少，希望大家不要畢業之後才後悔，才花錢惡補以前沒學好的國英數，社會人士要補這些科目平均也都要五到十萬起跳，你可能會想，等我出社會之後有的是時間，可以回來惡補，但我跟你說，**出社會後真的忙爆，不會有時間學習，就算真的忙完有時間惡補，你的商業競爭對手也不會等你，你就變成永遠在填補當年留下來的學習缺口**，而且離開學習的環境就再也回不去了，你要我像以前高中一樣規律，早上六點起床去學校上課，完全不可能。

現在的你，是學習的好時機，書讀得好就讀起來，增加自己的選擇權，用智商壓制對手是很有成就感的。書讀不好，就思考一下，你有沒有其他後路，有沒有能證明你能做得比書讀得好的其他選擇權。

{ 現在都不學，以後真的還會補嗎？
時光不倒流，莫辜負學習的好時機 }

你要努力
跟**強**的人
在一起

你其實是在跟全台灣、世界一起比賽

　　你以為你是在跟親戚朋友競爭，但其實不只，你以為你在跟班上的同學競爭，但其實遠遠不只，我們如果先論在校成績，你至少是在跟全台灣的同齡競爭，大家都一起競爭好學校，出社會後你甚至要跨齡競爭，難道你以為做生意，長輩會因為你的年紀就照顧你嗎？我以前眼界很窄，常常班排前進一名就感到自豪，但仔細想想每個學校的班級跟程度又不同，到升學考時，誰管你平常班排多少，你就是要跟全台灣所有國、高中生競爭，真的是沒有比較沒有傷害，我當初

在做備審資料的時候，做完之後覺得我應該是全校備審做得最屌最強的，但有一天我臨時起意想去問問看，有沒有歷屆備審錄取雲科大的案例，我問到了幾個別校的學長姊，禮貌謙卑的要到了他們當初的電子檔，不看不知道，看了才發現，我連他們的皮毛都不到。

我原本以為備審資料是要讓大學教授覺得，我這個人會很多東西，做過很多事情，所以一開始我是不管好的壞的作品，全塞進去，想讓整本書愈厚愈好，印刷的紙張還選最厚的磅數，聽了那些前輩的建議才知道，原來教授不是要看你什麼都會，而是要看你的能力是否專精，是否能將才華運用在該系所並發揚光大。光是這點就驗證了我與對手智慧的懸殊，那些前輩之所以能夠被教授選上，是因為他們有站在使用者的角度上換位思考，假設我今天是教授，要在海量（上千份）的作品集，挑出厲害的高中生來我學校就讀，我不可能花太多時間在每一本上，我一定是有我自己獨特的篩選法，比如說沒加頁碼，沒謝誌，封面沒特色的就直接先刷掉，因為代表這些人不用心，第一關就先淘汰，接下來就是快速翻頁，如果無法快速抓到重點，或剛好翻到醜的作品就刷掉，代表這些人不懂換位思考，不懂去繁就簡，不懂隱惡揚善。我頓時就像被打通任督二脈一

樣，如果我沒有問過這些高手，我可能真以為自己就是高手了，所以**希望你不要一直在同溫層取暖，不要覺得自己班排前十名就很厲害了**。

以前讀國中的時候，全校的美術課都是同一個老師，有一次老師要我們畫一艘大船，全班只有我的畫被老師留下來，隔週我們再上課的時候，美術老師跟我說，他讓別班的同學形容這幅畫，同學說：「哇！這幅畫真是栩栩如生啊！」我聽了非常得意，這大概是我人生中「自認」我畫技最屌的時刻了，我很享受隨便展現才藝都比同學屌。

結果上了雄工圖傳科之後，畫畫變成課程很重要的環節，要畫素描、麥克筆、平圖之類的，我原本覺得這應該又是我可以秀一波的時刻，我在這個班上應該又是同學眼中的天才吧，結果作畫時，我看了一下隔壁同學的作品，我直接嚇傻了，那下筆的成熟度，比我好太多，我以為我剛好坐在高手旁邊，結果在教室走了一圈後，發現大家都是非常有繪畫底子的強者，假設我國中時期站在 1% 的頂端，高中時期我瞬間掉到了 15% 左右，就是在班上畫畫比我厲害的大概有十幾個同學，而且老師又是專業在教畫畫的，我如果不跟著努力的話，可能會有更多同學超越我。

良性競爭使人成長

後來發現一件更有趣的事情，就是每個人都跟我有差不多的想法，以為自己是班上的王者，結果王者有好幾位，想想也知道，因為分發的制度，讓一群對畫畫有底子的人聚在了一起，結果大家也都被激到，想讓自己技術更好，必須更努力的練習，我也是，只不過到後來我也沒有超越多少人，因為大家都一起變厲害了，但其實長遠看下來還蠻欣慰的，因為我讀的學校，校風不錯，至少大家都是良性競爭，一起成長，這就是跟厲害的人相處，會得到的好結果，因為厲害的人就在你身邊，你隨時可以看到，他人做事的方法，各自究竟是如何練習，遇到挫折如何面對，如何讓自己更進步，這些你都可以從中學習到，然後被感染，一起成長，**如果我當初是讀校風比較差，也比較好進的學校，我可能是班上的第一名，可是我只是被環境蒙蔽雙眼的井底之蛙**，同學可能都覺得你已經很厲害了，也覺得你不用那麼努力，結果你就慢慢沉下去了，所以即便你還是爛環境中的第一名，總有一天你會發現你是多麼的不堪一擊。

發現大家畫畫都很強之後，我開始探索新的興趣，也就是玩特效，因為大家都會畫畫我也會畫畫，沒什麼特別的，如果

我可以多一個長才，應該會比其他人多一些人生的選擇權，但跟國中時期不同的是，現在同學們至少都有畫畫這個一技之長了，所以我如果要驚豔同學，我就得要更賣力，想辦法產出更有趣的成果才行，詳細的過程，就是我前面章節提到的那樣。

來自四面八方的高手使你變更強

　　這邊我要強調的是，多開發興趣真的是一件好事，因為你可以認識到不同領域的強者，像我因為自學特效，所以在很多論壇，或臉書社團，看到很多厲害的高手，我會嘗試跟他們認識成為朋友，這些強者讓我看到更多視野，讓我知道做這件事情能在未來發展的更多可能性。

　　比如說，我從沒想過有人透過做特效主題的影片創 YouTube 頻道，有人透過特效開課賺錢，有人透過特效賣插件，有人透過特效創了業，這些都是有高手在前面開拓了道路，我看到了可能性，讓我覺得我可能也做得到，於是跟著嘗試，雖然有些不順利走錯很多路（成功人士不會告訴你將會遇到哪些檻），但持續試錯後，最後也成功了。所以，如果你要變強，你一定要想辦法認識比你更強的人，才能從他們身上「看到」自己不足的地方，看到你還沒嘗試過的各種可能性。

就像我之前看過麵包師傅吳寶春的電影，他當初在學習做麵包的時候很窮，沒吃過什麼好東西，他的師父一開始不教麵包，而是先帶他去吃高級餐廳，師父問他好不好吃，吳寶春很滿足的說非常好吃。師父的目的就是為了讓他了解，什麼東西叫好吃，這樣他才能做出好吃的麵包，如果他沒吃過高級餐廳，他對低廉的食材感到滿足，那他永遠沒有辦法對食材有所要求。所以認識頂尖強者，就像品嘗高級餐廳的美食，你會更了解自己的不足，了解自己和別人的程度差異，這樣你才會知道，你有多少進步空間。

{ 自己是生活在同溫層的井底之蛙嗎？
從身邊強者身上看見自己哪裡不足？ }

專家大師
有什麼**地雷**
不能踩？

專家大師也有玻璃心

　　我大學時期遇過一個同學，他說很想去某個崇拜的陳老闆底下工作（假姓），是一間頗有規模的大型廣告公司，有一次學校剛好安排到該公司參訪，陳老闆本人十分親切，目測年紀大概有四、五十歲，但還是很有活力的跟大家簡報公司的業務，帶同學參觀各個部門，因為真的業務做很大很成功，所以跟著參訪的每個同學都很讚嘆欣賞，對眼前看到的景象嘖嘖稱奇，陳老闆也跟大家說他目前非常缺擅長做影片的人才，非常歡迎同學應徵加入，最後一個環節就是大家拿老闆

的名片，所以王同學很興奮的得到了那位老闆的聯繫方式，老闆也很親切說如果同學們有任何疑惑或想交流的都可以傳 Line 給他。

過了幾天之後，同學跟我說他做了一件非常後悔的事情，他拿到名片之後太興奮，直接加了老闆的 Line 好友，想要展現積極態度，但他的說法是：「嗨，陳老闆你好，我是今天參訪的×同學，很讚嘆這間公司每個項目都做得很成功，但身為專業科系的我，看到了你們公司過去幫客戶做的影片，覺得在××處，××處都還可以再加強，我有相當豐富的經驗，能夠為此做出幫忙及改善，你們如果有需求的話可以找我！非常希望能夠跟你們合作，感謝！」我很好奇結果發生了什麼事，同學說：「在傳這段話之前，我訊息上打招呼，老闆都有親切的回覆，還說有什麼問題都可以交流，結果我傳完這段話之後，老闆就已讀不回了，我一開始以為老闆只是忙，但過了一個禮拜，我又傳了訊息，問陳老闆上次的訊息有什麼想法呢？結果老闆直接回說不好意思，公司最近比較忙，過幾天回覆，結果過了幾天也還是沒有回，就好像是女生對你失去好感，說她要去洗澡，就一去不回了一樣。」

我當下就跟同學討論究竟是哪個環節出問題，我們得出了

結論，最大的問題點就是在「提出缺點」這件事，現在想想這舉動蠻大膽不禮貌，首先，1. 可能我們以為是缺點，但是那個作法可能為公司帶來非常可觀的營收，所以不是缺點。2. 那個作法可能是陳老闆下的指令。3. 沒有人被講缺點會開心的。4. 我們只是未出社會的大學生，完全沒有實戰經驗，只是出一張嘴，事情成敗也不是我們扛，老闆完全沒必要聽我們的建議。

所以如果時光倒流讓同學有機會重新傳訊息的話，他應該這樣傳：「嗨，陳老闆你好，我是今天參訪的╳同學，很讚嘆這間公司每個項目都做得很成功，今天參訪時有聽到陳老闆說你們公司有在徵求會做影片的人才，而我過去有非常多相關的案例與作品，我整理出作品集了，可以參考這裡：╳╳╳.com，我有相當豐富的製作經驗，你們如果有需求的話可以找我！希望有機會能夠跟你們合作，以下是我的其他聯繫方式，╳╳╳感謝！」

像這樣把你認為的對方缺點先全部抽掉，對方當然不一定後續會找你合作，因為可能他們剛好找到人了，或剛好突然沒有需求了，或剛好太忙，或看完你的作品覺得你的實力其實也還好，這都沒關係，總之留下好印象，未來如果真的有機會，你再旁敲側擊問問當初你認為的缺點到底真的缺點還是有別的

考量，總之，先埋藏在心裡就好。

別被專家發現你同時找了其他專家幫忙

　　這個我從高中時期就發現了，大學時期比較明顯，有學長姐提醒我們。我們大學的畢業製作，學校要求每組團隊需要指定一個教授當指導老師，很多同學都是找最不會給意見，最不會阻撓的老師，因為這樣才能做同學想做的事情，而我卻反而找總是在雞蛋裡挑骨頭的教授，我高中的備審資料就是用這樣的邏輯突破重圍的，我找了一位很高標準的老師來刁我的作品集，地毯式的挑出我的所有缺失，他叫廖芳慶老師，他是我即使畢業出社會開公司，甚至出書之後，依然會繼續請教的人生導師，我很感激我的人生有他的開示與幫助。但老師標準高不高其實不是我現在要講的重點，我們有很多同學都踩到一個地雷，就是同學常常因為畢製做很大，有很多專業層面的問題，請教了非常多的教授，聽起來很努力很用功沒錯，但是有些同學會在被教授指正某些地方的時候，不小心脫口而出說：「可是我上次問某某教授，他說這樣做比較好欸。」這句話講出來就完了，教授如果被氣到，就會講說：「那你去找那位教授指導，你不要來找我了。」

不要以為只有設計系的畢業製作會遇到這種狀況，你也可能會遇到，我舉一個情境，有一天小明拿了他寫的自傳，想要請老師提供一些建議或想法，小明：「老師你好！我是三班的小明，我想問你，我的自傳這樣寫有沒有哪裡要改進？」老師說：「我有看到你有分段撰寫，但我建議你可以在每個段落前面都加個副標。」小明：「為什麼？」老師：「因為如果我沒時間讀完你的自傳，我至少可以只讀副標就大概了解內容。」小明：「可是我上次問國文老師，他說作文不要這樣寫欸。」老師：「那你去找國文老師，不要來找我。」

　　像上面的情境就出現了兩個問題：

1. 應該用探問取代質疑的語氣

　　其實學校就是社會的縮影，你除了要懂得如何請教專家之外，還要懂得如何圓滑的處理人際關係，像一開始小明得到老師的回應後，他的「為什麼？」有點小危險，因為只要他語氣有稍稍的不對，可能就會有質疑老師的感覺，小明可以用「咦？是因為怕我的分段不明顯嗎？」或是「因為我自傳寫太長嗎？」用這種提問題方式，讓老師覺得你也有思考，梳理老師的建議，或者針對老師的問題問說：「咦？那這樣會不會認不出這是副標？」那老師可能就會針對你的回答說：「那你可以讓副標變

成別的顏色！」你看，像這樣就是不錯的請教方式，**和老師一起共同討論出兩邊都有共識的解決方法。**

2. 不要把自己的責任轉嫁給專家

以小明的例子來說，當他講出「可是我上次問××老師，他說不要這樣」的時候，代表小明自己完全沒有個人主見，他已經不是在為自己寫自傳，他是把寫自傳的責任都推給老師了，**多請教專家是好事，你可以尋求多位專家的意見，然後判斷自己要用哪個，最後為自己的決策負責任，不要把責任轉嫁給專家**，搞得好像如果這個自傳拿去推甄，成效不好你要回來怪老師亂給意見一樣，不要自己都沒有任何判斷能力。

當然有時候請教專家問題，應該也會遇到對方說法，你不太認同或心裡有質疑的情況，**如果專家的建議違背你的原則，或跟你的風格理念不同，你當然可以保留自己的想法，但不要現場立即表現出來。如果能客觀問清楚，就盡量問，你了解專家的思考方式就好，最終的思考與決策還是要回到你自己身上。**而且其實專家的意見有些可能適用於你的狀況，有的只適用於一部分人，所以你當然可以多問問數個甚至各種領域的專家的想法，每個人都有適用於你的狀況，你要適當地抓取想法去拼湊出屬於你自己的東西，淬鍊出你能夠使用的建議。

所以，**在尋求專家建議時，不要被發現你同時找了其他專家幫忙，因為你這個行為其實是在引戰**。就像媽媽叫你別再打電腦，你聽了卻說「可是爸爸說沒關係」一樣，這勢必會引起不必要的內鬥，所以你這樣等於是在拿另外一個老師，來質疑這位老師的能力，老師們其實互相都有一個認知，就是畢竟都是同事，不會擅自去指導別的老師該如何去教學生，因為每個老師都有自己的教學方法與見解，所以你當下是在給這位老師難堪，也挑撥了老師們之間的關係。

{ 用虛心探問的語氣取代質疑的態度
尊重每位老師獨特教學方法和見解 }

人為什麼要貢獻社會？有什麼好處？

你想要成為什麼樣的人來貢獻社會？

為什麼這樣的人可以貢獻社會？

你平常的好習慣和壞習慣有哪些？

為達成這個目的應該少做什麼事？

為了達成這個目的應該多做的事？

為了達成這個目的我還需要學習什麼？

成為這樣的人可以帶來什麼好處？

Chapter 6

讓興趣
變 現，成為
創業職人

克服難題
把興趣昇華成專長
把自己昇華成職人

追夢特效藥
6

謙卑學習，創造價值

保持熱誠善良，勇於嘗試
找到能發揮最大價值的角色

為什麼
要讓興趣
變成工作？

　　有一派人的想法是，不建議讓興趣變成工作，因為他們覺得這會澆熄你的熱情，你會開始討厭你的興趣，變成在交作業。但我的想法不同，你想想看你的人生是被「工作」、「興趣」、「睡覺」給瓜分掉，如果興趣也可以賺錢，不但可以把兩塊時間合併，也會驅動你將興趣更加進化，不只是玩玩而已，有能量支持你更加投入，玩出一片天。所以我給的建議是，**盡可能去嘗試，不要讓自己的興趣只有一種，你有一天會找到屬於你的方向。**

　　再來就是父母會擔心你有沒有辦法賺錢養活

自己，賺點小錢的興趣可能還不夠，只會得到家人的小鼓勵，如果你是持續的透過興趣賺到錢，而且超過一般上班族的薪水，收入非常穩定持續，父母甚至會支持你專心繼續做下去。

　　讓興趣變成一份穩定持續的收入，這並不是一件容易的事情，這等於你**把興趣昇華成專長，然後又昇華成職人了，需要投入非常多的時間成本**，在這過程中會有很多與日常生活的不平衡的狀況發生。比如你想要靠這個興趣賺錢，但是你還有學校的課業，或可能你還另有工作，又或是你這個興趣在學習的過程中，需要投入大量的成本，都會影響你有沒有辦法順利的繼續走下去，所以接下來我將分享我的個人經歷，讓你參考一下，我是如何克服這些難題的。

讓工作和興趣緊密結合會有什麼問題？
你的興趣有可能讓你成為專業職人嗎？

如何讓
興趣可以
變現**賺錢**？

　　我其實從小到大沒有什麼「零用錢」，小時候常常羨慕身邊其他同學都有零用錢，但是不管我怎麼跟我的父母哀求，就是一毛錢都沒有，我甚至提議過，可不可以讓我做家事或是按摩，來換得一些零用錢，卻被打槍說這是原本該做的事情，我也無法反駁，然後我也問到說，是不是可以到外面去打工，也以太危險或現在年紀還小的理由被拒絕，前面故事講到的打工是我已經高二高三時候的事情了。

　　我為什麼會想要零用錢呢？其實國小、國中、高中時期，父母都供你吃住，就算沒有錢也

餓不死，但就是慾望太多了，我也想要買一支手機或遊戲機，想要買新衣服，或是想要跟朋友出去玩等等，這些需求一個一個都要經過父母同意實在太麻煩了，有時候還會發生求了很久，父母答應，結果卻因為自己表現不好被跳票的狀況，所以我從小就一直有強烈的慾望**想要趕快有金錢的掌控權，得趕快想辦法靠自己賺到零用錢。**

　　因為被禁止到外面打工，要怎麼樣不出門就能賺到錢呢？我望向家裡的電腦，心裡想著，應該就是它了，我要靠這台電腦賺錢！！我查了非常多靠網路賺錢的方法，當時最吸引我的就是寫部落格賺錢，因為在我國中的時候流行無名小站，班上幾乎每個人都有自己的無名，現在認識朋友是問可不可以加Line，那時就是問有沒有無名可以加好友了。而無名小站的模式就有點像部落格，換句話說，當部落客的門檻超低的，國小生也可以當部落客，部落客賺錢的模式就是有一個平台提供了各式的廣告元件，你只要把他嵌入到你的部落格裡，每當有人瀏覽你的頁面或點擊廣告，你就能賺一些錢，聽起來很有邏輯，也很令人興奮，但實際跑下來，非常難賺，如果我想得到一個上班族該有的薪水，我網站流量每個月起碼要破百萬次瀏覽才行，我當時網站上都是一堆日常廢文，完全沒有任何能夠產生

內容價值的專長去寫部落格文章，所以這件事情不太順利，但是也讓小小年紀的我了解到，世界上有像這種賣廣告版位的獲利方式，如果我要想辦法讓自己有名氣，可能是靠慢慢寫文章變有名，或者是我做別的事情變有名之後回來寫文章。

那麼到底要寫什麼文章呢？我這才認知到，我真的是一個沒有料的人，我沒有任何厲害的專業可以讓我打出一篇心得文，所以到後期我開始嘗試學習特效，我腦袋就有一些內容可以寫成文章，然後慢慢去改版網站優化網站。**讓自己的腦袋有「內容」可以講**，這是一件非常重要的事情，因為觀眾們需要收聽或收看「內容」，你可以寫文章，可以拍影片，可以教課，可以演講，可以出書，你就可以創造屬於你自己的觀眾，累積到足夠多的觀眾，就會有人付一筆錢，請你幫他打廣告，你就可以幫別人打廣告。

那要怎麼讓腦袋有內容可以講呢？其實很簡單，也很理所當然，就像你要長肌肉需要補充蛋白質一樣，**你要變得有料，真的就是你要開始閱讀大量書籍，好好進修，多一份專業長才，大腦有內容「輸入」，嘴巴才能有內容「輸出」。**

> 當一個有料的人
> 腦袋裡有內容才能創造價值

多多觀察
有哪些
變現方式

　　比較常見或通用的內容變現方式，基本上就是接案或是開課，你可以多看看新聞多觀察，只要是合法，對社會有幫助的做法就可以記下來，而**任何變現方式，一定都是用兼職的方式開始做，你不要直接放棄課業或工作跳下來做某件事情，這樣就沒有回頭路了，切記不要斷送自己的選擇權**，你要先從兼職做，發現這個項目有潛力，會從中有所成長的，繼續做下去人脈會變廣，會增廣見聞，自己會愈來愈有價值（門檻低的打工辦不到），然後收益又可以很舒服的養活你自己，甚至還能多出來給一點孝親費，那你就

可以評估要不要把生活和工作重心慢慢轉移過來。

人生第一次靠專長賺到錢

我高二開始學習 AE 特效的時候，還沒有意識到這可以賺什麼錢，我只是覺得自己會同班同學不會的技能很屌而已，腦袋開始有內容可以寫寫文章，部落格有人看，可以賺一點廣告費，即便當時根本就沒有多少讀者，想要靠這過日子依然好漫長好遙遠。但我學了特效之後有一點比較不一樣，就是我做出了很多影片類的作品，因為我平均每一天就多學會一種特效，但檔案通常很大，電腦容量有點不太夠，所以我把檔案都上傳到 YouTube 當作資料庫。

結果有一天我收到了一封 Email，信件內容是有一位大學生的求救信，他說：「頻道主你好，因為在網路上看到了你的作品，非常的優秀，所以想要來詢問你，我是××大學的學生，我選修了一堂 AE 課，發現這堂課的教授很嚴格是魔王等級，如果我沒有好好的交出 AE 的期末作業，我可能會被當掉，不知道你能不能幫幫我，解救我的期末作業！」當時還在讀高中的我收到這封信，很驚訝，又充滿了好奇心，我學了一段時間的特效，我很想知道究竟現在大學生的程度在哪裡，於是我就請他

提供教授的要求，我看了一下，就是一個很簡單的蝴蝶飛舞動畫而已，我三兩下點點按按，一個動畫影片馬上就做出來了，當天回傳給他，他也很快回覆我 Email，我雖然看不到他本人，但是從他回覆的字裡行間可以感受出，他正雙腳跪在電腦前喜極而泣的感謝我。

我當然很驕傲，我的實力高過一位大學生了，但當我以為事情就這樣結束時，這位大學生又突然傳來一封訊息：「請問這樣多少錢？」我頓時才驚覺，天啊！原來做特效是可以賺錢的啊，當然這是我人生第一次報價，我也不太會報，就算他五百塊而已，然後他問說：「請問錢要如何支付給你？」我突然慌了，因為我自己沒有存摺，跟家人借存摺又怕錢被吞掉，我把我的狀況跟對方說，他很體諒也很有創意的想到，把錢放到信封裡面用掛號寄過來，沒錯！我就是這樣成交了我人生第一個案子。

後來我都用一樣的模式，案子愈接愈大，到幾千塊的時候，開始有人覺得錢放信封很沒有安全感，於是我就鼓起勇氣，跟家人坦白說這些日子，我靠接案賺到了這些錢，想要有一個自己的存摺，客戶才能把錢匯給我，原以為家人會唸我，怎麼在這邊搞些有的沒的，結果很意外得到支持，可能家人現

在看到錢實際進帳，就對我開拓這個興趣比較放心。但其實我也有把最壞的結果都考量到，如果家人不幫我開立銀行帳戶存摺的話，我打算請學校信任的老師來幫我收款。

{ 內容變現先從兼職試水溫開始
多看新聞和觀察社會上的需求 }

個人接案？
找工作？
創業當老闆？

　　當你學會了某個生財技術，你下一個要面臨到的問題會是，到底該兼職接案？還是在一間公司上班？還是選擇創業當老闆？這其實是每個人都會遇到的問題，只要問自己幾個問題就有答案了，做這三件事情，其實都是為了賺錢，但是你面對的風險不一樣，風險最小的當然是去某間公司上班貢獻你的專長領固定薪水，而稍微有點風險的是個人接案，你可能案子超多，也可能好幾個月都沒案子，最後**風險最大的就是當老闆，你得要為這個專業想出商業模式，創造就業機會，錢可以賺比較多，但也可能賠很多。**

所以先問問自己，你想要穩定安逸慢慢的賺錢？還是你想要挑戰更高的風險代價來換取更多收益的可能性？

　　如果是前者，那就是去某間公司上班準沒錯，唯一的風險就是這間公司經營不善倒掉，但其實公司倒了你換工作就好了，員工不用承擔公司倒掉的責任與風險，如果你有很屬害很稀缺的專長，工作是不難找的，上班族只要想辦法把工作做好，就不用煩惱收入問題的。

　　如果是後者，最簡單就是個人接案，你要問問自己，你有把握穩定接到案子嗎？你每個月接案得到的收入，是否高於上班族薪水？平均下來的時薪是否優於上班族？如果不行，老實說很大的可能性是你目前實力還不夠好，或者你實力很好但是在業界的知名度不夠高。那你就得以養活自己為基礎，同時充實自己的眼界與實力，也就是先以上班為主，接案兼職為輔來試水溫，如果你是學生的話，就是休閒之餘來嘗試，**千萬不要在不確定的狀況下直接就辭職或休學，要想像你在攀岩一樣，三點不動一點動**，你如果是上班族，能養活自己的工作要先顧好，如果是學生，你應修的學業或應盡的本分要先做好，再來嘗試其他可能性。不然稍微有個風險，你會什麼都做不好。

　　那創業呢？這是個大題目，很多人身為一般員工可能都會有

一個迷思是，以為錢是從老闆來的，錯！錢正確來說是從客戶手中來的，老闆的任務是在「公司能提供的服務」，與「客戶的需求」之間，想出穩定的商業模式，而這個商業模式賺到的錢，需要超過養員工的成本。所以實際上一整個月的營收會先過老闆一手，再分配出你當初談好每個月穩定拿的薪水，經過了這樣的轉換才到你身上，所以為什麼有些人想創業？就是想賺更多，想當直接拿到第一手錢的老闆，或者希望別人為你工作。

通常要數學很好，或有商業頭腦的人，才比較適合當老闆，如果當老闆的人沒有一技之長，就要花錢請人才，但**如果自己有一技之長，我是很鼓勵盡可能多嘗試「0元創業」自己當老闆**，尤其是在求學期間，如果你有任何的失敗，退一步，你的身分也還是個「學生」。

我在大學時期其實就嘗試過很多創業的題目，而且都是新創 APP 類型的，因為大學時期很嚮往能夠像矽谷的眾多新創公司一樣，打造一個酷平台，然後順利被收購。舉例我曾經做過一個辯論平台，一個特殊類別的搜尋引擎，一個共享計程車的平台，一個接案平台，也很大方的跟大家說我每一個都「失敗收場」，我不怕丟臉，因為我當時還只是一個大學生，我嘗試了很多，雖然每個都失敗，但聽起來還是超熱血的，那你可能會

問，我這些創業項目都不用燒錢嗎？沒錯，不燒錢，我燒的是時間與人脈，我在大學時期選擇開發 APP 類的產品，原因就是不用管囤貨進貨，不用開實體店面，只要我找到需求，並把服務成功定價後賣出去即可，就算是免費，只要有很多人使用我也可以賣廣告，而且我這些點子的實作，都是邀請志同道合的同學們一起進行的，所以就是三五好友一起投資「勞力」創業，像我在團隊裡的角色通常就是扮演視覺設計跟招商，而撰寫 APP 程式的部分我不太擅長，我就找資工系的同學來一起合作。

那為什麼會失敗收場呢？原因很多，我也有拍過影片《新手老闆：創業一年學到的 10 件事》，片中提到**創業一定要做自己擅長的事情，因為創業成功與否取決於你對這個產業的了解有多深，也提到要先以人為本，先凝聚人，再解決他們的需求**等等。不過在這本書裡，我想分享一個以前沒講到的層面。

就是**「如果你要零成本創業，千萬不要搞多人組隊」**，我嘗試了很多種零成本創業的可能性，但最終成功的就只有現在我開的這家公司，其中最大的關鍵差異就是，這間公司從無到有都是我自己一個人打造出來的。其實我這個人很不喜歡單打獨鬥，但是學生時期又很窮，沒能力養員工，只好召集志同道合的幾個同學用「純勞力」合夥的方式來一起畫餅，連公司都沒錢

設立，一開始大家都覺得這是一個絕佳的計畫，因為沒出錢就可以組隊，如果做出產品賺錢是一件很夢幻的事情，但是現實是，前期沒賺錢的時候大家都很有革命情感，生活過的愈慘大家愈熱血，等到有一天開始賺錢了，錢就很難分，因為大家一開始都沒出錢，是用勞力來換取分錢比例，你就很難立下標準說誰誰誰該拿多少，且事後分錢通常是會撕破臉傷感情的，而我沒有真正遇到過這個問題，因為說來好笑又慚愧，我大學每一次嘗試的零成本創業，都剛好還沒到可以賺錢的階段就失敗收場，所以剛好沒遇到吵架階段，但是我們成員各自都清楚，大家都有想過之後分錢的問題，只是沒有講出來而已，沒勇氣面對這個階段，而失敗的產品其實也不浪費，我們就把它當作未來找工作的作品範例。

　　所以結論是，**如果一定要多人組隊創業，大家一定要準備錢來投，有出錢的才是老大，設立一家公司要把權利義務定義得更明確，而如果想要零成本創業，你一定要什麼都自己來，從製作，銷售，宣傳，經營都要自己一個人，甚至如果女朋友或男朋友想要幫忙，你也一定要把酬勞付清楚，不要欠人情。**

{ 想要穩定安逸？還是挑戰高風險？
組隊創業不能光靠熱血 }

誰說
創業一定要
投很多錢？

終於可以收割擁有一技之長的好處了，有些人的創業是去加盟別人的商業模式，去學別人的技術來經營，但這樣往往需要繳百萬起跳的學費、投資店面。

但如果你本來就有厲害的一技之長，就有其他的選擇，可以用自己的「時間勞力」來零成本創業。這個邏輯多虧網路科技的進步，讓這件事得以實現，因為大家做任何事都離不開網路，所以我可以透過網路來販售我的服務，回首我一開始發展的很多事業，都是透過網路讓別人了解我的服務，所以我不用花一大筆資金開店，像剪影

片、翻譯、設計、程式設計，這些基本上都是你有一台電腦，學會這些專長，你就可以接案，剛好有人有需求，就會發包給你做，這些都是數位的形式在交易，那我舉一些實體的例子，比如你很會下廚，你想做餐飲，你可以合作外送平台，你不用裝潢店面提供座位給客人，只要有可以下廚的地方，你就可以經營外送生意，等到你愈做愈大，再來養員工，或正式開店都可以。

所以基本上**比較簡單的創業可以先從接案開始，接案如果有空窗期，你可以同時佈局教學能力，因為如果你實力夠厲害，不管你是什麼專長你還可以靠開課，企業內訓或演講賺錢。**

{ 只要你的專長夠厲害就可以先接案
用自己的「時間勞力」零成本創業 }

不要靠爸媽，不要亂借錢

如果你想要找個同學比賽未來成就，互相砥礪，比誰賺錢賺得多好像沒什麼意思，但可以比誰最先給孝親費，會比較有趣有意義。自從我有一技之長後，會很慶幸自己家庭並不富裕，沒有小康也沒關係，因為有一天我如果事業成功了，我的故事會很勵志，不是靠家人的財力或是背景，錢少少的其實你創業也會比較有衝勁。

如果你有一技之長，創業也比較不用煩惱錢的問題，因為你提供的一條龍服務，全部都可以自己來，就算真的要花成本創業，也建議用存好

的積蓄，留下緊急預備金，讓你失敗時還有後路，千萬不要借錢來創業，因為信用很重要，**創業本身有太多不確定性，你可能會失敗收場，你沒辦法準時還錢的話就會賠掉信用**，所以借錢的時機是什麼時候呢？

當你有一個成功的商業模式，已經在賺錢，想投入資金來擴大經營，如果你能確保你花掉的金錢，可以馬上再賺回來，甚至能回報更多的時候，這才是借錢的好時機。

{ 沒後台沒背景財力讓你更有衝勁
創業有風險需要預留緊急預備金 }

如何
讓客戶願意
選擇你？

問題來了，如果你還沒有太多作品案例，客戶問到你實力如何，你該怎麼回應？你沒準備可能答不出來，這可不是有沒有自信的問題，你必須很客觀的找到證據證明你的實力，沒辦法只靠一張嘴的，你可以先在心裡想想，怎麼樣的實力程度才代表自己可以接案呢？我要怎麼讓客戶相信我有實力？我要怎麼專業的交付檔案給客戶？以下有一些方法你可以嘗試。

1. 比賽經歷

台灣每年都會有很多不同領域，大大小小

的比賽，比賽雖然有獎金，但是以過來人的經驗，奉勸各位不要把比賽當成賺錢的方法，但把它當作是一種實力的證明還可以，因為參加比賽的整個經驗可以解決上述的一些問題。首先我以影片比賽為例，你原本不知道應該交什麼樣的檔案格式給客戶，可是你看一下比賽的報名方法，有的就會明確告訴你，比如影片需要 Full HD 尺寸，MP4 檔，檔案大小限制多少，需要上傳到雲端之類的，不同的比賽要求當然不同，但你可以把他當作是不同的客戶在對你要求，你之後就會有經驗，可以反過來詢問客戶，需要什麼樣的輸出格式。

再來，**參加比賽就是一種證明自己實力的方式**，要讓客戶相信，你有一定程度的技術水準，如果你不幸沒有得名，不要氣餒，因為說不定是黑箱作業，台灣有過半的比賽幾乎都很黑暗，你可以看看得獎者的作品，是不是自己真的不如人家，如果真的是自己實力不足，那代表你磨練得還不夠，你可能很難做出客戶想要的東西。

參加的比賽也要挑一下，因為經歷寫出來比較合理，有的公司品牌自己推出比賽，但可能不是相關專業，即使你報名參加贏了，經歷列出來也會怪怪的，比如說你參加了飲料公司辦的攝影比賽，跟相機公司舉辦的攝影比賽，哪個聽起來比較

專業？當然是後者吧，另外如果是教育部辦的比賽或是縣市舉辦的比賽可以多留意，一定要去報名，因為會對你的升學有加分的幫助，你也比較容易號召班上的同學跟你一起組隊參加比賽，當然這種比賽超難得獎，因為大家都是衝著這點報名的。

2. 過去客戶好評

有了實力的認可後，接下要證明的就是你的服務水準，這是需要長時間的累積，最簡單方法是把客戶跟你的對話截圖，但要把客戶的名字跟照片遮蔽，呈現效果不外乎就是客戶訊息上稱讚你做事情很快，有解決問題，成果很專業，有口皆碑，或是客戶透過你的作品，取得了厲害的成績，比如說某個電商老闆，用了你做的素材後營業額翻倍，有人透過你的作品成功求婚，或有人透過你的作品，完成了某個知名的計畫，或是上了新聞等等。你可以**以獲取客戶好評口碑作為動力與目標，優化你的服務品質。**

3. 整理作品集

這是最多人忽視的關鍵，**你如果沒有作品集，基本上能接到案子的機率趨近於零**，你想像一下你前面有兩間餐廳，第一

間你發現他們完全沒有菜單，你問老闆有什麼可以點，老闆說他還沒有想法，但你可以提提看他想辦法做出來。而第二間門口直接有菜單，每一張照片都把餐點拍得美味可口，旁邊也標示出最多人點的餐點、與老闆推薦等等。當你不想踩雷你會想選哪間？當然是後者吧！

4. 讓別人主動找到你

通常讓別人主動來找你合作，你的談判籌碼才會比較高，但是當你還沒什麼知名度的時候，你會被空窗期搞到恐慌，我以前剛開始接案的時候也常遇到所謂的空窗期，就是有時候突然來了個案子，可能錢很多，可能錢很少，你可能會想說是不是要主動去提案尋求機會，但其實不用做到這種程度，你只要在活動場合遞張名片，或傳送作品連結即可，等到案主真的有需求，你讓他有印象可以來找你就行。

如果你挨家挨戶，問有沒有外包需求，別人只會用很低廉的價格問你要不要，不要就算了，因為他的理由就是他現在真的不需要，他沒有這個需求，所以你主動詢問，除了成功機率很低之外，還會把你搞得又累又窮，你會拉低自己的行情，對方也會覺得說，你的能力是不是有問題，不然為什麼這麼缺案子。

當你會的愈多，
選擇權就愈多。

如果你現在案量還不穩定，就多充實自己的作品量，把不好的作品隱藏起來，把最新最優秀的展現出來，多參加業界活動，建立人脈，留下好印象，做好每次接到的案子，這樣你就會有很多被轉介紹，被推薦的機會。

5. 佈置網路足跡

社群經營是一定要的，在你的臉書自介、IG 自介、Line 狀態等等放上你的目標或你正在嘗試的事情，告訴大家什麼樣的合作機會可以來找你，附上你的 Email 等等，這些都只是基礎，如果你想要更厲害一點，應該要經營部落格，多分享一點技術心得，盡可能占滿 Google 搜尋結果，因為現在大家遇到問題都是靠網路搜尋來解決，你要去換位思考，如何讓別人找到你，認識你。

大家可能都以為要出現在 Google 搜尋結果是一件很難的事情，但其實還好，我以前甚至是把出現在搜尋結果這件事情當作是人生的目標動力，你們都應該有在 Google 搜尋過自己名字的經驗吧，如果你比過什麼賽，在學校參加了什麼，可能就會有一些網頁紀錄出現在 Google，不然至少也會出現你的 Facebook 帳號，邏輯上就是你只要在網路上深耕自己的名字，

留下各種足跡，你就有機會出現在搜尋結果，而我當初就是想著，有一天我一定要有名到不搜尋我的名字也能找到我，比如以 Google 搜尋「特效教學」就會找到我，所以我長年深耕在這個關鍵字上，瘋狂寫各種特效教學的文章，拍各種特效教學的影片，現在這個目標達成了。

我有一位大學好麻吉叫「李白」，對，這是他的本名，他夢想著有一天，Google 搜尋李白，可以出現他自己的偉大事蹟，但很明顯目前都是詩人李白的歷史記載，但我覺得這個夢想超熱血的，很像某個動漫的故事設定，主角有一天要成為什麼「王」或什麼「影」一樣，所以連他都為這個目標努力了，你還有什麼藉口說自己沒機會？

{ 每一個客戶好口碑都是最棒的廣告
深耕網路足跡讓大家更容易找到你 }

求職時
不要
說什麼話？

　　也稍微聊聊找工作可能會遇到的狀況，我就不講一般打工了，我們來聊聊比較有技術門檻的工作，如果你今天要找能夠發揮你專長的工作，比如說你很會美術設計，只講你很會是不夠的，你要盡可能把最好的技術展現出來，多用圖片照片呈現你的作品，再講講你有哪些參賽經歷，以及解決問題的能力，最後寄出信件給嚮往的公司前，想像一下自己是人資，換位思考，整個閱讀排版是否流暢，作品連結是否都能夠正常點開運作。

　　我之前在人力網站上面找人才，發現有四成

的人都敗在作品連結已經失效，可能他不小心調到他的 YouTube 頻道權限，或不小心刪掉 Google 雲端檔案，自己都沒有注意到，**你不要以為只要作品夠優秀就一定找得到工作，像這種細節，代表你這個人到底細不細心，做事謹不謹慎，會不會站在讀者角度思考，這些都將成為一間公司要不要錄取你的判斷關鍵。**

好不容易被邀請去面試，回答問題千萬要注意，我站在一個老闆的角度跟你們分享讓我降低錄取慾望的案例：

1.「薪水高低其實我都可以接受，我不缺錢，賺錢不是我的目的」

會講出這種話的幾種可能：A. 你是去實習的，你本身就有認知自己薪水不會太高。B. 你太想進這間公司，但用錯方法了。C. 同情這間公司。D. 這是在報名志工團體。

人對工作最大的動力來源其實就是錢，為了錢付出勞力或時間，這件事情的邏輯是很清楚的，你說你要找工作，但是你不是為了賺錢，那老闆會產生困惑，擔心今天如果工作出包怕你不會負責，怕你會說當初本來就是低價幫忙之類的。

那講什麼樣的話，老闆才會搶著要你呢？

「我希望我的薪水是××萬元，因為我的加入至少能為公司創造×××萬元的收入」，這是頂尖人材才會講出來的話。

2.「剛好暑假很閒沒事做，想說可以來實習看看」

這句話應該只會從學生口中說出，因為學生可能還沒有金錢壓力，就算你要去應徵最低門檻的打工，也不會有老闆敢用你的，因為商場上不是在玩樂，是要為金錢負責的，老闆不會想要把他的商譽賭在你身上。

3.「我之後想要創業」

這個有點小尷尬，當求職者講出這樣的話，通常老闆都怕你只是進來把技術學走，然後另起爐灶，結果跟自己的老闆競爭，除非老闆真的很大愛很佛心，或者是他看不起你，覺得你創業會失敗。不然就是不要講是要做競品，就比較可以，比如你原本的工作是賣小吃，想要創業是賣潮牌那就沒差，但我遇過一個他說他兩年後想要自己創業開餐車的，嗯，我是支持大家追夢，但是這不就代表我用這個人只能用兩年嗎？這個就是老闆會考量的點，這可能不會是不錄取的主要原因，但會變成人資多方考量的因素之一吧，所以聰明一點，你心裡想創業也

不一定要說出來，說不定進到這間公司你想法又變了，可以多想想，站在老闆立場會怎麼想。

4.「前公司很爛，同事很爛……」

做人其實要有人品，如果前公司有發生不好的事，可以就事論事，面試官都聽得出來你之前的處境，但如果你只用主觀的詞彙帶過，比如說「爛、討厭、受不了」面試官會擔心，你未來離職會不會也用一樣的詞彙對別人批評他們公司。

5.「想看作品你可以自己搜尋我的 IG、或 Behance」

面試官得在短短的 30 到 60 分鐘面試你，快速了解你的為人與行事作風，所以面試官聽了這句話，會認為你進公司之後的任何產出，可能都不會主動整理和報告，都要別人自己去查，姿態太高傲了，不會替別人著想，不懂得提升溝通效率。

6.「我覺得你們公司的作品都有待加強，我的實力可以改善很多」

這個前面章節有提過，通常專家或老闆都有玻璃心，也有自己做事的方法，有些東西對你來說可能是缺點，但可能老闆

過去用了這個「缺點」，創造了上億營收，這對老闆來說可不一定是缺點，你這樣亂提，只會讓老闆對你印象很差，因為這點子可能是老闆想的，所以如果你真的夠專業，覺得這間公司哪裡不夠好，你應該講說，有了你的改善，你保證可以讓業績成長××倍。這樣老闆眼睛才會亮起來，才會想要把機會賭在你身上，或比較保險的做法是改個詞彙，把「我覺得……」，改成「如果……」。「如果貴公司未來可能遇到×××的問題，我可以最有效的改善。」用這個方式去試探，如果老闆真的有意識到是個缺點，他可能自然就會心動。

　　以上這些都是簡單的提醒，**更重要的是你呈現出來的人品，對工作的熱情程度，如果你找新工作，不保持謙卑，不帶著肯重新學習的心，不保持年輕的熱誠，那你找到工作的機會會非常的低。**

{ 保持熱誠善良謙卑學習的心
細心謹慎懂換位思考是錄取的關鍵 }

小心那些
濫用你
夢想的人

　　當你開始有點才華，或是有心想幹點大事的時候，通常要小心社會上的一些花言巧語，以及合約陷阱，因為這些人就是看上你的年輕無知懵懂，套路不外乎就是先問你「你有夢想嗎？」然後第二句就是說「你只要跟著我，我讓你實現夢想」，你聽了就會把你的身家都敗進去，然後被騙光一切之後，你只好也變成這種壞人，開始尋找下一個還沒被騙過的年輕人，問他有沒有夢想了。

　　合約極為重要，你剛出社會以為自己跟別人簽合約好像很商業很屌，以為自己要出頭天了，

結果你沒有注意到違約金，沒注意到智慧財產權歸屬，沒注意到契約條件的苛刻，沒注意到工作明顯不符合業界慣例，沒注意到範圍極大的保密要求，傻傻的當了別人公司的負責人，傻傻的當了借款保證人等等……很抱歉，這世界沒有人會保護你。

{ 小心花言巧語和合約陷阱
不隨便簽看不懂的合約 }

成長到了
天花板
怎麼辦？

當你的成長遇到了天花板怎麼辦，其實就是結合過去所學，繼續開發新領域。一直以來六指淵頻道都專注在做特效相關的主題，我也已經探索特效六、七年了，我最熱門的系列就是「三秒特效」，這個企劃是去實現觀眾留言的特效願望，畢竟特效領域幾乎都摸透透了，不管觀眾許什麼願望都做得出來，到後面我也漸漸發現能玩的好像都差不多了，我開始思考未來幾年我的頻道如果還走一樣的套路，有一天觀眾會不會看膩？

於是我開始嘗試我第二喜歡的興趣，就是**網**

吸收知識墊高自己，
認識更厲害的人。

頁開發，我喜歡設計網頁，然後動手把他架成網站，因為這是一個很好展示給別人看的成果，做特效是大家在看我的影片，做網頁的話大家除了看還會動手玩我網頁上的互動按鈕，成就感更高，雖然是比做特效還要耗時。

程式設計是我最近投入的新興趣，我把特效跟設計網頁小工具做結合，在我的頻道可以看到我最近新開發的成果：自動剪輯神器、自動聲音辨識、留言轉圖片神器等等的影片。你可以發現這些都是幫助創作者的工具，雖然我的新興趣是做程式，程式可以做各種產業的東西，但我原本是深耕做影視的，如果我做的是賣衣服的 APP 或跟叫車、美食有關的 APP，就比較不合邏輯，也不夠專業，因為我不是那個領域的人，所以我的開發方向會先跟我原本的影片領域去做結合，畢竟都深耕特效多年了，我最了解影視工作人員的痛點，結合程式去優化改善，觀眾也比較適應，也會覺得比較合邏輯，看起來比較會像是一個愈來愈強的人，而不是東摸西嘗試的人。

{ 沒有天花板，只有怠惰不進步
開發新領域跟原有的結合變更強 }

246

我的創作者
到企業家之路

學會一項技能很迷人，把技能磨到職人等級更讓人崇拜，很多厲害的人甚至透過興趣就可以賺錢，但仔細想想，技能本身並不能保證賺錢，要把技能包裝成大家需要的服務賣出去才能賺到錢，所以到了這個階段的人，其實已經開始有經商的思維，雖然還很淺。

我對外說過，我人生有個志業就是我想要做創作者的一條龍服務，那這就不只是玩特效了，我必須要創造一些就業機會，我必須有能量做更多事，所以走到這個階段，我發現我可以靠興趣養活自己後，就開始思考能不能放大經商這塊，我認為老闆不能再被時間綑綁在技術上了，我

如果把我的技術傳授給別人，讓別人來做，我來開發業務，可能可以玩出更多可能性，於是我開始招兵買馬，開始養一些員工，把過去我所學都開始傳授給他們。

老實說，這個階段的我碰特效剪輯軟體的時間減少了，但是我跳離開來之後，能做的事情更多了，我開始有能量創辦一個設計學院，開始有時間設計產品，開始有時間規劃 WEB 3.0 的未來，以一個人體架構來說，老闆等於腦袋，但老闆要先長出手腳，然後把手腳分出去給員工行動。老闆負責去動腦思考，如何讓技術賺錢，思考之後決策，扛下全部責任，那這部分又是另一個專業領域了，以後有機會再跟大家聊聊。

不管你的夢想是什麼，最後希望都是有故事的

最後總結一下，我希望大家看完這本書能帶走的東西。首先你的夢想可能有點風險，你原本可能是從零開始的階段，**你的夢想要以不為社會帶來困擾為基礎，三點不動一點動，開始嘗試發展興趣，開始學會一技之長，開始嘗試變現，最後嘗試加入企業家思維**。過程中都會遇到挫折，而且可能是真的很挫敗的那種，但你必須要化阻力為助力，因為大家也都會遇到挫折，如果你這次爬起來了，你會在無意中贏過很多在此時此刻

倒下的人，讓自己有一些壓力，但是也不要對自己太苛刻，好好愛自己，跌倒的過程中可以讓自己認清自己是人不是神，沒有太多英雄電影般的場景會發生在你身上，成功都是非常踏實而來的，只有不斷的嘗試，才能離成功近一點，成功是沒有捷徑的，你必須把跌倒的經歷化為未來的養分。同時好好地陪伴家人。

夢想不一定會成功，但會是你做事情的目標、信念與動力來源，你隨時都要尋找能讓自己發揮最大價值的角色，做一個對社會有貢獻的人。

{ 夢想之路都是有故事的
隨時尋找能讓自己發揮最大價值的角色 }

夢想時空膠囊
Dreams' Time Capsule

 huber0203 ・・・

各位 IG 粉絲

謝謝你們，跟我分享你們的夢想，參與這本書的出版！

有些時候，想實現某個夢想，就要先高調的喊出來！

有些人的夢想被我放在這本書裡，幾年後，

可以回來翻翻，看看自己定下的目標有沒有實現。

1 year later……

vincent970602
未來不到一年內，我要努力準備會考，希望將來能夠考上第二志願。

zhangtingweiparker
未來的一年內，我要努力準備會考，希望將來能夠跟朋友上同一間高中。

2 years later……

ling.shen_qing
未來兩年內，我要努力練團，希望將來能夠代表台灣出戰飛車亞洲盃！

yun__0602.4
未來兩年內，我要努力準備好考高中，希望將來能夠考進自己喜歡的高中，變得跟六六一樣厲害。

3 years later……

j.y.liang
未來三年內，我要努力創作立體書，希望將來能夠成為國際知名立體書設計師。

bowling.men
未來三年內，我要努力精進球技，希望將來能夠以飛碟球再次當選國手。

wx___0421
未來三年內，我要努力推動系上的火舞表演，希望將來能夠讓火舞變成學校的代表與特色之一。

bibi950930
未來三年內，我要努力讀書實作考證照，希望將來能夠考上高餐大，在餐飲界闖出自己的一片天！

dgaftya

未來三年內，我要努力持續創作、增進自己音樂及作曲方面的能力，希望將來能夠成為一個能感動人心帶給人溫暖的詞曲創作者。

4 years later……

_q._.p_juen

未來四年內，我要努力嘗試學習電繪及動畫設計，希望將來能成為不再害怕電腦創作的動畫師，也能創作出有感染力的動人作品，即便可能遇到挑戰挫折也會好好面對到底的人。

long_xing_tian

未來四年內，我要努力成為自己夢想中的設計師，希望將來能夠成為照亮別人的一束光。

neither_cat_nor_owl

未來的四年內，我要努力成為圖文畫家，在現在的情況下，有諸多因素阻礙，但我希望在未來我可以更努力克服，並成為自己最想要的模樣！

5 years later……

wang_yi_0113

未來五年內，我要努力成為一個攝影師，靠自己的攝影來維持生計，希望將來能夠環遊世界拍下各個美麗的人文藝術及大自然！

chocolatekuoi

未來五年內，我要撰寫百篇科技報導、教 AE 特效、回答人生問題，希望藉經驗分享，使人找到夢想並提升能力。

daniel.k_chuunibyouyarou

未來五年內，我要努力學習和工作，希望將來能夠有一部有我參與製作的日本動漫。

lun.0327.lun

未來五年內，我要努力精進攝影和特效後製，希望將來能夠和六六一樣厲害並且成立一間攝影公司。

87sjj

未來五年內，我要努力成為一位小說作家，希望將來能夠讓更多人看到我的作品，希望我的作品能娛樂大眾。

binglee0321

未來五年內，我要努力追求生活與工作的平衡，希望將來能夠在下班後持續維持跳舞的熱情與習慣！

tigertiger2357

未來五年內，我要努力開發數學數位教材，希望將來能夠讓大家覺得「數學原來這麼有趣！」而不害怕數學♡

6 years later……

linda11110105

未來六年內，我要努力讀書，希望未來能夠當上一位為民除害、破案神速的警察（〃3〃）

10 years later……

healer_explorer

未來十年內，我要努力成為電影公司的攝影師，希望未來能夠為台灣的影視產業帶來更加成熟的作品。

diyuanwang0519

未來十年內，我要努力登上五十座百岳之巔，希望將來能夠走遍台灣，看見更多這片土地上的美！

abbyhsin_

未來十年內，我要我的老公事業有成、買第二棟房子、兒女雙全、家庭和睦😂

omer_tw

未來十年內，我要努力精進潛水員的技巧以及身體素質訓練，希望將來能夠在海上獨當一面成為專業人士，並且致力推廣愛護海洋環境 👌

ymceats

未來十年內，我要努力精進自己的教育能力，希望將來能夠幫助許多孩子，跳脫填鴨式教育的框架。

yu_lun_

未來十年內，我要努力成為中醫師，希望將來能夠幫助身邊的人以及有緣人。

jeremy_shi

未來十年內，我要努力還清負債，並且跟我女朋友一起開設一間早餐店，希望將來能夠跟我的女孩一起建立一個家。

linda_tseng0601

未來十年內，我要努力精進自己的英文，登上福音船望道號，到第三世界國家幫助需要幫助的人們，並在過程中用繪畫記錄一切。

11 years later……

ilkmsf.14

未來十一年內，我要努力譜寫青春的篇章，希望將來回頭看時，那不是虛度光陰，而是一段令人嘴角上揚的故事。

20 years later……

swy.0704

圖傳科的學妹來惹！！(((o(* ▽ *)o)))
未來二十年內，我要努力成為一個更腳踏實地的人，希望有朝一日能夠靠自己喜歡的事養活自己，且有能力帶給他人幸福。

⇨ 看更多人的夢想

你可以參考本書，更具體的規劃，
一步步完成你的夢想，祝你每一個美夢都成真。

六式夢想評估表

我的夢想：

成功率	優點
條件	實踐
代價	失敗的後路

填表日期：　　　　　　　　簽名：

實現日期：

定位點 007

你的夢想可能有點風險

YouTuber 六指淵，帶你找到屬於自己的人生副本

作者／六指淵（陸子淵）
責任編輯／張文婷、蔡川惠
插畫／街頭故事 李白
校對／魏秋綢
封面設計／Ancy Pi
內頁設計／連紫吟・曹任華
行銷企劃／石筱珮

天下雜誌群創辦人／殷允芃
董事長兼執行長／何琦瑜
媒體產品事業群
總經理／游玉雪
總監／李佩芬
版權主任／何晨瑋、黃微真

出版者／親子天下股份有限公司
地址／台北市 104 建國北路一段 96 號 4 樓
電話／（02）2509-2800　傳真／（02）2509-2462
網址／www.parenting.com.tw
讀者服務專線／（02）2662-0332　週一～週五：09:00~17:30
讀者服務傳真／（02）2662-6048
客服信箱／ parenting@cw.com.tw
法律顧問／台英國際商務法律事務所・羅明通律師
製版印刷／中原造像股份有限公司
總經銷／大和圖書有限公司　電話：（02）8990-2588

出版日期／ 2022 年 7 月第一版第一次印行
　　　　　 2022 年 8 月第一版第二次印行
定　價／ 380 元
書　號／ BKELS007P
ISBN ／ 978-626-305-266-6（平裝）

你的夢想可能有點風險：YouTuber 六指淵，帶
你找到屬於自己的人生副本／六指淵作 . -- 第一
版 . -- 臺北市 : 親子天下股份有限公司 , 2022.07
256 面 ; 14.8×21 公分 . --（定位點 ; 7）
ISBN 978-626-305-266-6（平裝）

1.CST: 成功法

177.2　　　　　　　　　　　　　111009215

訂購服務：
親子天下 Shopping / shopping.parenting.com.tw
海外・大量訂購 / parenting@cw.com.tw
書香花園 / 台北市建國北路二段 6 巷 11 號　電話（02）2506-1635
劃撥帳號 / 50331356 親子天下股份有限公司

立即購買 >